KB161255

조선의 살림하는 남자들

조선의 살림하는 남자들

정창권 지음

2021년 7월 26일 초판 1쇄 발행
2022년 10월 21일 초판 4쇄 발행

펴낸이 한철희 | 펴낸곳 돌베개 | 등록 1979년 8월 25일 제406-2003-000018호
주소 (10881) 경기도 파주시 회동길 77-20 (문발동)
전화 (031) 955-5020 | 팩스 (031) 955-5050
홈페이지 www.dolbegae.co.kr | 전자우편 book@dolbegae.co.kr
페이스북 /dolbegae | 트위터 @Dolbegae79

편집 이경아
표지디자인 민진기 | 본문디자인 이은정 · 이연경
마케팅 심찬식 · 고운성 · 한광재 | 제작 · 관리 윤국중 · 이수민 · 한누리
인쇄 · 제본 한영문화사

ISBN 979-11-91438-10-9 (03910)

이 저서는 2018년 대한민국 교육부와 한국연구재단의 지원을 받아 수행된 연구임
(NRF-2018S1A6A4A01033751)

책값은 뒤표지에 있습니다.

조선의 살림하는 남자들

정창권 지음

돌베개

시작하며

우리 조상들이 영위한 남녀 공존의 역사

여자의 사회 참여 비율은 시간이 갈수록 높아지고 있다. 맞벌이 부부의 비율도 이미 절반을 넘었다. 그럼에도 여전히 상당수의 남편은 각종 집안일과 육아, 자식 교육을 아내의 몫이라 생각한다. 그들에게 가정은 단지 휴식처일 뿐, '독박 살림', '독박 육아' 이런 말들은 자신과 관계없다. 이 때문인지 결혼율과 출생률은 뚝뚝 떨어지고 우리나라는 초저출산 국가로 전락했다. 영화 〈82년생 김지영〉이 현재 한국의 모습을 대변한다.

나는 내 전공을 살려 과거로 가 보기로 했다. 조선 시대 양반 남자는 어땠을까? 남은 자료의 한계 때문에, 유감스럽게도 이 책에서 다루는 인물은 대부분 양반이거나 그 주변인이다. 놀라운 점은 조선 시대 양반 남자는 집안의 살림꾼이었다는 사실이다. 양반가의 규모만 해도 오늘날 50~100명의 직원을 둔 중소기업체와 맞먹을 정도였다. 신발, 옷, 쌀, 술 등 의식주에 필요한 생활필수품을 집안에서 생산했고, 자녀 교육, 질병 치료, 종교 활동도 집안에서 이루어졌다. 양반가 집안은 오늘날의 작은 사회와 같은 곳이었다.

조선 시대의 집안 살림은 크게 안살림과 바깥살림으로 나뉘었다. 음식 장만과 옷 짓기 등 안살림은 주로 여자의 몫이고, 각종 생계 활동, 재산 증식, 노비 관리 등 바깥살림은 주로 남자가 담당했다. 그밖에도 남자는 정원 가꾸기, 자식 교육, 가족 돌보기 등 정서적인 활동에도 참여했다.

조선 시대 양반 남자는 평소 수많은 집안 살림에 참여했고, 만약 그러한 일들을 조금이라도 등한시하면 부부싸움의 큰 원인이 되었다. 게다가 조선 시대 사람들은 '수신제가치국평천하'라고 하여 무엇보다 집안을 먼저 생각했다. 다시 말해 국가보다 집안을 우선시했고, 남자의 모든 바깥 활동은 궁극적으로 여자의 안살림을 지원하는 차원에서 이루어졌다. 어쩌면 조선 시대는 오늘날과는 정반대의 세상이었는지도 모른다.

지금껏 우리는 『허생전』에서 오로지 학문에만 전념했던 허생을 양반 남자의 대명사라 생각하고, 여자와 더불어 살아가는 남자의 모습에 대해선 거의 관심을 기울이지 않았다. 다시 말해 지금까지 우리는 조상들이 영위한 '남녀 공존의 역사'에 대해 너무 소홀했다.

이 책에서는 조선 시대 양반 남자가 평소 집안 살림에 어떤 방식으로 참여했는지 유형별로 나누고, 다시 종합적으로 살펴보고자 한다. 당시 바깥살림의 종류로는 어떤 것들이 있었고, 남자는 과연 그것을 어떻게 처리했는지 차례대로 알아보고자 한다. 또 그들만의 살림 비법과 고충도 자세히 알아보고자 한다.

한편, 지금까지의 조선 시대 생활사 연구에서는 대상 인물의 행장이나 묘지명, 언행록 등이 주요 자료로 사용되었는데, 이것들은 당시 사람들이 지향하는 규범적이고 이념적인 모습을 부각시켜 그 인물을 위인화하기 위한 것으로, 그의 실제 모습과는 거리가 있다. 그러므로 이 책에서는 실제 생활의 기록인 일기나 편지, 그리고 개인 문집의 다양한 기록 등을 토대로 조선 시대 남자의 살림 참여 모습을 살펴보고자 한다.

나아가 집안 살림의 유형에 있어서도 갖가지 생계 활동이나 살림살이 같은 물질적인 측면만이 아니라 자식 교육, 가족 돌보기 같은 정서적인 측면도 중시하고자 한다. 본디 살림이란 '한 집안을 이루어 살아가는 것'으로 의식주 등 물질적인 측면과 함께 배려와 소통, 돌봄, 애정 표현 등 정서적인 측면까지 포함하는 넓은 범위의, 해야 할 일도 많은, 아주 복잡다단한 것이다.

내 세대의 대부분의 한국 남자는 집안 살림에 대해 학습할 기회가 거의 없었다. 그래서 무엇을 어떻게 해야 할지조차 모른다. 게다가 어릴 적부터 듣던 남녀 차별의 말들이 살림 참여를 막아선다. 그런 남자에게 조선 시대 남자의 삶의 모습을 보여 주고 싶다. 그리고 집안 살림에서 남자의 참여가 얼마나 중요한지 생각하는 계기를 만들어 주고 싶다. 나의 연구와 글이 주변의 삶들에 선한 영향을 끼치는 것, 이것이 내가 연구하고 집필하는 본래 목적이다.

2021년 7월

태정(泰井) 정창권

차 례

1장
조선 사람의 살림 인식

장가와 처가살이의 나라

'조선 시대 여자' 하면 가부장제 사회에서 부도(婦道)를 지키며 인내하고 순종한 현모양처를 떠올리기 일쑤지만, 이러한 생각은 5천 년 한국사에서 불과 150년도 되지 않은 비교적 최근에 형성되었다. 임진왜란과 병자호란 이후부터 시작해서 특히 일제강점기에 본격적으로 형성된 모습이다.

16세기까지만 해도 여권이 제도적으로 보장된 남녀 공존의 시대였다. 기존의 여성사 연구자들은, 당시에도 여자는 정치권력에서 배제되었으므로 전통시대는 남자 중심의 가부장제 사회였다고 주장하지만, 그것은 지나치게 오늘날의 관점에서 바라본 것이요, 여성사를 정치권력을 기준으로 바라보는 또 다른 남자 중심적인 시각이다. '수신제가치국평천하', '가화만사성'이라는 오래된 문구를 굳이 주워섬기지 않더라도, 전통시대는 국가보다는 집안이 더 중요한 사회였다. 그러므로 정확한 남녀관계, 그리고 전통시대 여

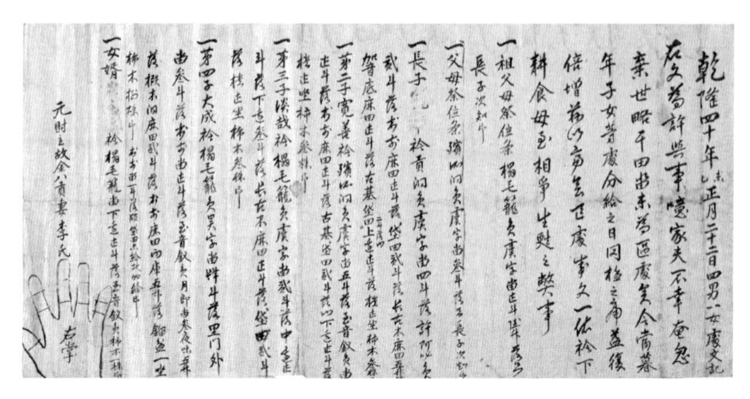

분재기(分財記) 조선, 종이, 48.2×102.3cm, 국립중앙박물관 소장. 분재기는 친족에게 나누어 줄 재산을 기록한 문서로, 조선 초기에 균분상속이던 것이 후기로 갈수록 제사를 모시는 아들 우대 상속으로 바뀌었다. 이 분재기는 1775년(건륭 40, 을미)에 작성되었다.

성상을 알기 위해서는 집안을 둘러싼 실질 사회에 주목해야 한다.

전통시대 집안은 오늘날의 중소기업체와 맞먹을 정도로 상당한 규모를 갖춘 사회였다. 집안에는 조부모와 부모, 형제자매, 사촌, 노비 등 수십 수백 명이 어울려 살았다. 의식주 등 생활필수품의 대부분을 집안에서 생산하고 소비했으며, 교육이나 복지, 의료, 종교도 거의 집안에서 이루어졌다. 당시 사람들에게 집안은 그야말로 절대적인 것이었고, 집안일도 엄연한 사회 활동이었다. 심지어 그들은 '집안을 다스리는 것은 나라를 다스리는 것과 같다'고 생각했다. 현대의 가정은 사적 공간에 불과하지만, 전통시대 집안은 이처럼 사적 공간이자 공적 공간이었다.

전통시대에는 남자가 여자 집으로 가서 혼례를 올리고 그대로 눌러 사는 '장가'와 '처가살이' 풍속이 있었다. 딸이 남편과 함께 자기 부모를 모시고 살고, 자녀도 외가에서 태어나 자랐다.

그에 따라 조선 전기와 중기까지도 재산을 아들 딸 차별 없이 균등하게 나눠 주는 균분상속이 이루어졌고, 조상의 제사도 자녀들이 서로 돌아가며 지내는 윤회봉사(輪回奉祀)를 했다. 남녀의 권리와 의무가 서로 동등했던 셈이다. 나아가 여자의 바깥출입도 비교적 자유로웠고, 학문과 예술 활동도 결혼 이후 단절되지 않고 평생에 걸쳐 계속 이루어졌다. 조선 전기에 설씨부인, 조선 중기에 신사임당, 송덕봉, 허난설헌, 황진이, 이매창, 이옥봉 등 명실상부한 여자 예술가들이 계속 출현한 것도 이 때문이었다.

자연히 이 시기엔 집안에서 여자의 목소리가 클 수밖에 없었다. 조선 초기의 유학자 정도전(鄭道傳, 1342~1398)은 『삼봉집』(三峯集)에 당시의 세태를 한탄하는 글을 남겼다.

"우리나라는 남자가 처가에 가서 살기 때문에, 식견 없는 부인들이 부모의 세력을 믿고 남편을 업신여길 뿐만 아니라 부부가 서로 반목하니 이것이 가도(家道)가 무너지는 길이다."[1]

이후 1510년(중종 5)에도 성균관 생원 이경(李敬) 등이 조선의 결혼 풍속을 비판하면서 우리나라도 중국처럼 여자가 남자 집으로 가서 사는 시집살이를 해야 한다고 주장했다.

> 혼인의 예도를 바로잡으소서. 우리나라의 제작과 문물은 중화(中華)를 모방했는데, 홀로 이 혼례만은 아직 오랑캐의 풍속을 따르니, 우리 세종장헌대왕(世宗莊獻大王)께서 인심의 민멸(泯滅)을 슬프게 여기시어, 친영(親迎)의 예를 제작하시고 왕궁에서부터 시행하셨으니, 대개 먼저 실행하시어 아랫사람들을 따르게 하고자 한 것입니다. 사부(士夫)의 집에서는 옛 습속에 젖어서 이것을 행하지 못

하고, 세대를 지냄이 이미 오래되자 성자신손(聖子神孫)이 다시는 조종의 뜻을 본받아 거듭 밝히는 이가 없었습니다. 그런 까닭에 혼인하고 장가가는 집에서 바른 예법을 따르지 않고, 남자가 어두운 밤을 타서 여자의 집에 이르러 면목(面目)도 보기 전에 정의가 이미 친압(親狎)하게 되니, 예물을 갖고 서로 보는 예절이 어디에 있습니까. 초례(醮禮)를 마치면 남편은 아내의 집에 기우(寄寓)하여 마치 머슴이 부잣집에서 호구(糊口)하는 것 같으니, '너의 집으로 가라'고 한 경계가 어디 있습니까? 그런 까닭에 며느리가 시부모 섬기는 일을 알지 못하여 업신여기는 마음이 생기며, 남편이 집안을 다스리지 못하여 부부의 도가 어그러지게 되고, 존비(尊卑)가 서로 업신여기며 음양이 서로 저항하여 하늘과 땅이 거의 위치를 바꾸는 지경에 이르게 되니, 작은 사고가 아닙니다.

옛날에는 남자는 30세에 장가들고 여자는 20세에 시집갔는데, 지금 사람들은 나이가 열 살도 못 되어서 반드시 갓 쓰고 비녀 꽂아 아내를 맞고 남편에게 시집가곤 하여, 이미 가정의 책임이 있게 되니, 예절을 훼손하고 도리를 어그러뜨림이 또한 심합니다. 왕길(王吉)이 말하기를, "시집가고 장가가는 것이 너무 이르면 부모 되는 도리를 알지 못한 채 자식이 있게 되니, 이 때문에 교화가 밝아지지 않고 사람들이 요사(夭死)하는 일이 많다"고 했으니, 지금 세상을 두고 한 말 같습니다. 또 혼인하는 집의 복식과 좋은 음식은 다투어 화려하고 사치하게 하여, 재물이 있

> 는 자는 한 번에 거만(巨萬)의 돈을 소비하고, 가난한 자도 따라가기를 힘써서 스스로 마련하지 못하면 아들은 장성하고 딸은 장년(壯年)이 되도록 때를 잃어 홀몸을 원망하는 자가 있기에 이르니, 화기를 손상하는 것은 실로 여기에서 비롯합니다.[2]

친영의 예는 신랑이 신부 집에서 신부를 맞이해 와 자신의 집에서 혼인을 진행하는 혼례의식이다. 이경의 이 말을 통해 16세기 조선 중기까지도 장가와 처가살이의 풍속이 여전했음을 알 수 있다.

여자의 경제 주도권

17세기, 임진왜란과 병자호란이라는 두 차례의 큰 전쟁 이후 여자에 대한 불평등과 규제가 강화되기 시작했다. 임병양란과 성리학(주자학)의 정착은 다른 무엇보다 남녀의 공존의식을 파괴했는데, 특히 여자의 권리를 박탈하고 사회참여를 배제했다.

조선 후기엔 혼인 제도가 이전과는 달리 반친영(半親迎)으로 바뀌었고, 재산상속도 남녀균분에서 장자 중심으로 변했다. 반친영은 신랑이 신부 집에서 혼례식을 올리되 3일 뒤에 자기 집으로 돌아가고 신부는 따로 신부례 날을 정해 시댁으로 가서 시부모에게 폐백을 올린 후 시댁에 눌러앉아 살게 되는 혼인 제도이다. 즉 시집살이다. 또 남녀의 역할과 지위를 엄격히 구분하는 내외법(內外法)이 강화되어 여자의 사회참여를 철저히 금지했다. 이렇게 여

길쌈하는 농가의 모습 《유운홍필 풍속도》〈길쌈〉(부분), 유운홍(劉運弘, 1797~1859), 조선, 종이, 92×40cm, 국립중앙박물관 소장

자가 권리를 잃어 감에 따라 그 사회적 지위도 점점 하락되었는데, 그 결과 남자는 높고 귀하며 여자는 낮고 천하다는 남존여비 의식이 생겨났다.

그럼에도 불구하고 집안에서 여자가 차지하는 비중은 여전히 컸다. 특히 집안의 경제적인 부분에서 여자는 막강한 영향력을 행사했다. 대표적으로 당시 여자는 상하층을 막론하고 거의 대부분 길쌈(베짜기)을 했는데, 이는 농업과 함께 국가 경제를 유지하는 중요한 기간산업이었다. 여자는 길쌈을 통해 가족에게 필요한 옷을 짓거나 각종 세금을 납부하기도 했으며, 더 나아가 완성된 베는 화폐로도 사용되었다. 그래서 길쌈하는 부녀 한 명이 농부 세 명보다 낫다고 할 정도로 그 가치가 높게 평가되었다. 길쌈을 통해 가계 운영에 기여함으로써 여자는 집안에서 남자가 무시할 수 없는

황해 신천 길쌈하는 모습 한국-일제강점, 필름, 11.9×16.4cm, 국립중앙박물관 소장

지위를 확보할 수 있었다.

게다가 조선 후기엔 가문 중심의 문벌사회 강화로 양반 남자는 예절을 지키며 경제 활동을 비천한 행위로 여기는 경향이 있었는데, 자연히 그 공백을 여자가 채울 수밖에 없었다. 조선 후기 여자는 길쌈이나 바느질, 양잠, 농업, 금융업, 부동산업, 상업, 절약 등 다양한 경제 활동을 통해 가계를 운영하고 재산을 증식하는 한편 자신의 지위를 유지했다.

결국 조선 후기에도 여자는 내외법의 강화로 사회참여만 배제됐을 뿐, 집안에서의 지위에는 큰 변화가 없었다. 게다가 평민층 여자는 내외법에도 적용받지 않았다. 당시 조선은 국가적으론 가부장제 사회였지만, 집안 즉 가족 사회에서는 남녀의 지위가 동등

했다.

조선 시대엔 집안의 규모가 매우 크고 해야 할 일이 많았기 때문에 집인 살림도 크게 안살림과 바깥살림으로 나누어져 있었다. 음식과 의복 마련 등 안살림은 주로 여자가 담당하고, 농사를 지어 양식이나 반찬거리를 마련하고 그 밖의 재산 증식, 노비 관리, 자녀 교육, 가족 돌보기 등 바깥살림은 남자가 담당했다.

여자가 음식과 의복 마련에 전념할 수밖에 없었던 것은 그 일들이 워낙 시간이 많이 걸렸을 뿐 아니라 가족의 생존과 직결된 필수적인 노동이었기 때문이다. 게다가 여자는 목숨을 담보로 할 정도로 위험한 임신과 출산을 담당해야 했기 때문에, 남자에 비해 상대적으로 여러 가지 살림을 해낼 수 없었다.

그렇다고 해서 남녀 간 성별 역할이 엄격하게 나뉘거나 고정화되지는 않았고 상황에 따라 변통되었다. 예를 들어 16세기 송덕봉(宋德峰, 1521~1578)은 남편인 미암(眉巖) 유희춘(柳希春, 1513~1577)이 유배를 가거나 관직 생활 등을 이유로 자주 집을 비우자 혼자서 안팎의 살림을 모두 주관했으며, 18세기 연암(燕巖) 박지원(朴趾源, 1737~1805)은 아내가 먼저 세상을 떠나자 자식 교육과 음식 수발, 가족 돌보기 등 아내의 역할까지 담당했다.

조선 남자, 일기를 쓰다

지독한 독서광으로 유명한 조선 후기의 문인 이덕무(李德懋, 1741~1793)의 작품을 보면, 당시 이덕무는 병중이라고는 하나 집안

살림을 온전히 아내에게 미루었던 듯하다.

> 병이 든 게 가난 때문인 듯하니
> 내 한 몸 돌보는 일 어찌 그리 소홀했나.
> 개미 둑에는 흰 쌀알 풍족하고
> 달팽이 다니는 벽에는 은 글씨가 빛나네.
> 약은 벗들에게 구걸을 하고
> 죽은 아내가 끓여 주누나.
> 이러고도 책 읽기만 좋아하나니
> 습관을 버리기 쉽지 않아라.
>
> —「여름날 병중에」 제1수[3]

하지만 이는 이덕무처럼 가난한 집의 이야기일 뿐, 조선 시대 양반가는 집안의 규모가 워낙 크고 해야 할 일이 많았기 때문에 남녀가 동업(同業)하지 않고서는 집안을 유지하는 것 자체가 불가능했다. 조선 시대 양반가의 남자가 집안 살림에 얼마나 많은 신경을 썼는지는 당시의 일기 자료를 통해 확인할 수 있다.

조선은 '일기의 나라'라고 해도 과언이 아닐 만큼, 이 시대에는 국가와 개인을 막론하고 수많은 사람들이 일기를 썼다. 특히 양반 남자들은 날마다 집안 대소사를 꼬박꼬박 일기에 기록했는데, 현재까지 남아 있는 대표적인 조선 시대 일기로는 『묵재일기』(默齋日記, 1535~1567), 『미암일기』(眉巖日記, 1567~1577), 『쇄미록』(瑣尾錄, 1591~1601), 『계암일록』(溪巖日錄, 1603~1641), 『흠영』(欽英, 1775~1787), 『노상추일기』(盧尚樞日記, 1763~

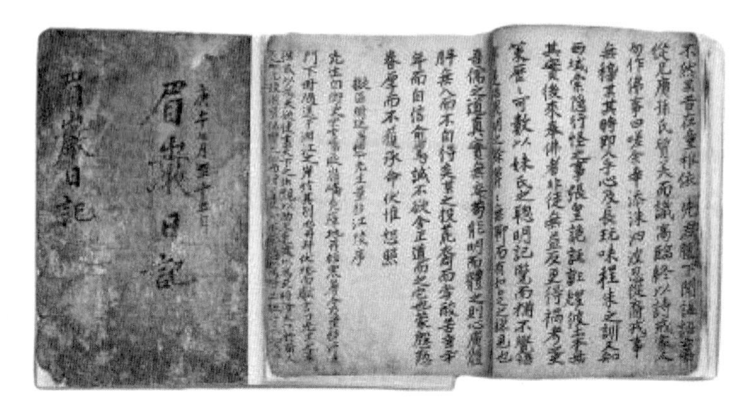

『미암일기』 미암 유희춘이 1567년부터 1577년까지 쓴 생활 일기

1829) 등을 들 수 있다. 조선 시대 양반 남자의 일기 쓰기는 당대의 보편적인 현상이라고 해도 크게 틀리지 않을 듯하다.

현대의 일기가 철저히 개인의 기록인 반면, 조선 시대의 일기는 집안 대소사를 차례대로 기록한 일종의 가족 일지이자 가계부였다. 그래서 대대로 후손에게 물려주어 생활의 귀감으로 삼도록 했다. 다시 말해 자신의 살림 노하우를 후대에 물려주고자 했던 것이다. 16세기 미암의 생활 일기인 『미암일기』 가운데 한 대목을 살펴보자.

> 1567년 10월 18일. 비가 오다.
> 새벽에 나주의 나사경이 서울에서 내려오고, 그 누이의 아들 강위호도 왔다. 내가 나가서 만나 보고 술과 음식을 대접했는데, 나열과 김정간도 와서 함께 술을 마시다가 갔다. 나중묵 형의 편지를 봤다.

새참에 이순인이 다시 와서 나와 두 아이와 더불어 완심도(玩心圖) 놀이를 했다.

익산의 소이가 사람을 시켜 떡을 보내왔다.

송의평이 도사소(都事所)로부터 『성리문금』(性理文錦)을 써 왔다.

이른 아침에 성핵과 성흡 형제가 꿩을 가지고 찾아와 인사를 했고, 좌수 손형이 단술과 떡을 보내왔다.

비 때문에 이순인이 여기에서 머물게 되었고, 다른 손님은 오지 않아 저녁밥을 먹고 머물러 잤다.

관아에서 솜과 답호 옷감을 주고, 서익의 어머니가 15승의 비단 교직 옷감을 주고, 연산 현감이 단령 옷감으로 12승의 무명베를 주었으니 큰 도움을 주었다고 하겠다.

들으니 경성의 의금부 북쪽에 책장수가 있는데 이름은 박의석이라고 하며, 모든 곳의 서책을 반값에 사서 전가로 판다고 한다.

김 현감이 서울로 갈 약식과 반찬을 주었는데, 백미가 10말, 콩 5말, 그밖에 일체의 반찬이 왔다.

주희문이 와서 책 몇 장을 썼다. 나는 메밀쌀과 팥 2말씩을 주었다.[4]

조선 시대 일기는 대체로 날짜와 날씨를 기록한 후 하루 동안 집안에서 있었던 일들을 차례대로 나열하는 식이다. 손님 접대와 편지, 놀이, 음식이나 의복 및 기타 물건 수수, 세상 소식, 책 만들기 등을 빠짐없이 기록하고 있다. 그러므로 일기를 보면 당시 가족의 생활 모습을 있는 그대로 볼 수 있다.

또한 조선 시대 남자가 집안 살림에 꽤 많은 관심을 갖고 적극적으로 참여했음을 알 수 있다. 이 글에서 미암은 떡, 꿩, 술, 양식, 반찬 같은 음식물, 각종 옷감이나 솜 같은 의류, 찾아온 손님들에 대한 접대 방법 등을 그 수량까지 꼼꼼히 기록했다. 오늘날의 가계부와 매우 흡사하다.

조선 시대 남자는 학문을 연마하고 관직 생활을 하면서 동시에 많은 집안일을 수행했다. 오늘날의 관점에서 보면 상상하기 힘들 정도의 업무량이다. 조선 시대 남자가 하루에 얼마나 많은 집안일을 수행했는지는 「사부일과」(士夫日課)라는 기록에 잘 나타나 있다.

「사부일과」는 1800년 전후 퇴계(退溪) 이황(李滉, 1502~1571)의 후손으로 추정되는 인물이 작성한 선비의 하루 일과표다. 하루를 십이지(十二支)로 구분하여 각 시간대 별로 선비가 수행해야 할 사항을 자세히 기록한 것이다.[5]

「사부일과」에 기록된 선비의 일과표에서 특징적인 내용을 지적해 보면 다음과 같다.

첫째, 일과의 핵심이 학문과 수양에 맞춰져 있었다.

둘째, 하루 여섯 번 부모님을 찾아 문안하거나 식사를 올릴 정도로 효의 실천에 철저했다.

셋째, 자식에게 공부, 글씨, 독서를 지도하는 등 자식 교육에 힘썼다.

넷째, 집안 살림에도 결코 소홀히 하지 않았다. 잠자리에서 일어나자마자 노비들을 불러 그날 해야 할 일을 분담시키고, 낮 11시에서 1시 사이에 다시 그들을 불러 맡은 일을 점검하며, 저녁 5시

축 (01~03시)	잠에서 깨기. 전날 일 반성하기.
인 (03~05시)	일어나기. 부모님께 새벽 문안드리기. 노비에게 집안일 분담하기.
묘 (05~07시)	부모님께 아침 문안드리기. 자식에게 공부 가르치기.
진 (07~09시)	아침 식사. 독서하기. 자식에게 글씨 숙제 내기.
사 (09~11시)	자식의 독서 단속. 독서하기. 손님 접대.
오 (11~13시)	부모님께 오후 문안드리기. 노비의 일 점검하기. 자식의 독서 검사. 벗과 토론하기. 편지의 답장하기.
미 (13~15시)	명상하기. 산책하기. 의례 강습하기. 시 낭송하기. 셈 익히기.
신 (15~17시)	저녁 식사. 자식의 독서 내용을 암송시키기.
유 (17~19시)	부모님 잠자리 마련하기. 집안사람의 맡은 일 확인하기. 자식의 독서 내용 중 의문점 강론하기.
술 (19~21시)	등불 들고 집안 돌아보기. 일기 쓰기. 자식의 독서 내용 복습시키기.
해 (21~23시)	잠자리에 들기. 그날 일을 반성하기.
자 (23~01시)	깊이 잠자기.

「사부일과」에 기록된 선비의 일과

에서 7시 사이에 또다시 그들을 불러 그날의 맡았던 일을 잘 처리했는지 확인했다. 또 밤 7시에서 9시 사이에는 그날의 일들을 일기에 기록했다.

다섯째, 수면 시간이 하루 5시간 정도일 만큼 근면하게 살았다. 식사도 점심은 먹지 않거나 간단하게 먹고, 아침저녁 두 끼만 먹을 정도로 고단한 일상을 보냈다.

조선 시대 양반 남자는 수많은 집안일을 수행하며 매일 바쁘게 살았다. 현대 남자는 여기에 비하면 집안일을 거의 하지 않는다.

남자에게도 당연한 살림

조선 시대에는 남자도 당연히 살림을 했다. 만약 남자가 조금이라도 살림에 소홀하면 부부 싸움의 큰 원인이 되었다. 실제로 당시 일기를 보면 부부 갈등의 원인이 첩 문제보다 남자의 살림 소홀 문제가 더 많았다. 오희문(吳希文, 1539~1613)이 쓴 『쇄미록』을 보면, 남자가 살림에 소홀히 하는 문제 때문에 부부 싸움이 발생한 모습을 잘 보여 준다.

> 1596년 10월 4일. 아침에 아내가 나보고 가사(家事)를 돌보지 않는다고 해서 한참 동안 둘이 입씨름을 벌였다. 아! 한탄스럽다.[6]

아내는 살림에 무관심한 남편 오희문이 원망스럽고 남편 오희문은 집안일에 나름 열심인 자신을 몰라주는 아내가 무척 서운하다. "아! 한탄스럽다."

조선 시대엔 남자가 살림을 잘못하면 사회적으로 비난의 대상이 되기도 했다. 미암은 10년 넘게 일기를 쓸 정도로 집안일에 충실했지만, 그럼에도 불구하고 후배 학자 허균(許筠, 1569~1618)

은 문집 『성소부부고』(惺所覆瓿藁)에서 미암이 학문에 독실한 반면 살림을 잘하지 못한 점을 지적했다.

> 나의 두 형님은 젊은 날에 미암에게서 수학하였다. 공은 학문이 매우 정밀하고 행실이 독실했으며, 배우는 이를 대할 때마다 반드시 성명지학(誠明之學)을 자세히 가르쳐서 게을리 하지 않았다. 그러나 성품이 매우 우활(迂闊: 사리에 어둡고 세상 물정을 모름)해서 가사(家事)를 다스릴 줄 몰랐고, 의관과 버선이 때묻고 해져도 부인이 새것으로 바꿔 주지 않으면 꾸밀 줄을 몰랐다. 거처하는 방은 펴 놓은 책상 외에는 비록 먼지와 때가 끼어 더러워도 쓸고 닦지 않았다.[7]

미암은 공부 잘하는 것 빼고는 다른 건 영 별로라는 평판이다. 남자가 살림을 잘하는 것이 하나의 덕목인 세상이었기에 개인 문집에 이런 글도 남겼을 것이다.

조선 시대에는 남자 살림꾼도 꽤 많이 존재했는데, 대표적 인물로는 퇴계를 들 수 있다. 퇴계는 조선의 성리학을 확립한 대표적인 유학자다. 평생 동안 학문과 수양에만 전념했을 것 같지만, 그는 뛰어난 학문적 능력만큼이나 집안 살림도 용의주도하게 잘 처리하는 그야말로 '살림의 달인'이었다.

퇴계는 평생 동안 두 번 결혼했다. 21세 때 김해 허씨와 결혼했는데, 그녀는 이준(李寯)과 이채(李寀) 두 아들을 낳고 산후병으로 사망했다. 퇴계는 다시 30세에 안동 권씨와 재혼했는데, 그녀는 지적장애인이었다. 지적장애를 가진 부인을 대신해서 퇴계는 안팎의 집안 살림을 모두 주관했다. 실제로 그는 음식과 의복 같은 안살림, 농사와 반찬거리 마련, 노비 관리, 재산 증식, 세금 납부 같은 바깥살림을 거의 다 도맡았다. 요즘으로 치면 일과 가정의 양립인 셈이다. 다만, 퇴계가 서울에서 벼슬살이하는 동안은 큰아들 이준에게 편지를 보내 대신 살림을 관리하도록 했다.

> 선비란 모름지기 용모는 소탈하고 우아하며 고요하고 담백해서 욕심을 적게 가지도록 한 뒤에 생업을 도모한다면 어떤 해로움도 없을 것이다.[8]

> 특히 재산을 경영하는 일은 정말 사람으로서 아니할 수 없는 것이니, 내가 비록 평생 그런 일에 멀리하고 서툰 것 같지만 또한 어찌 완전히 하지 않기야 했겠느냐? 다만 안으로 학문하는 마음을 오로지하고 밖으로 모든 일에 응하면 선비의 기품을 떨어뜨리지 않아 해로움이 없다. 만약 학문하는 마음을 잊고 오로지 경영에만 몰두하면 이는 농부의 일이며 시골의 평범한 사람이 하는 짓이기에 이르고 이를 뿐이다.[9]

첫 번째 편지는 서울에서 벼슬살이하던 퇴계가 53세 때(1553) 안동에 있는 큰아들 이준에게 보낸 편지의 일부이다. 선비란 그에 맞는 풍모를 지키면서 생업, 즉 집안 살림에도 참여해야 한다는 뜻이다. 두 번째 편지는 1554년 1월에 보낸 편지의 일부이다. 살림과 재산 증식은 비록 선비라 하더라도 결코 소홀히 할 수 없는 일이겠지만, 평소 학문을 열심히 하며 선비의 기품을 떨어뜨려서는 안 된다고 강조한다. 퇴계도 비록 잘하지는 못하지만 평생 동안 재산 경영을 해왔다고 말하고 있다.

남자가 살림하는 건 부끄러운 일이다

조선 후기의 주요한 특징으로 가문 중심의 '문벌사회' 강화를 들 수 있다. 오늘날의 학벌주의처럼 최상층 가문 출신만이 주요 관직에 오를 수 있었다. 그 결과 애초부터 관직에서 탈락한 양반, 즉 몰락 양반층이 날이 갈수록 늘어났다. 이들 몰락 양반은 글공부에만 전념했는데, 만약 살림을 직접 경영하며 생업에 뛰어든다면 신분은 양반이지만 그들 역시 평민처럼 군역이나 부역을 져야 하고, 혼벌(婚閥)조차 떨어졌기 때문이다.

또한 조선 후기에는 성리학이 정착되고 내외법이 강화되면서 남자가 살림하는 것에 대한 사회적 인식이 달라지기 시작했다. 가부장제로 남녀 간 성별 역할 구분도 뚜렷해졌다.

자연히 여자의 역할이 늘어날 수밖에 없는 사회적 토대가 만들어진 셈이었다. 기존의 안살림뿐 아니라 남자가 하던 바깥살림, 특히 다양한 생계 활동과 재산 증식 같은 경제적 책임까지 떠맡아야 했다. 조선 후기 행장이나 묘지명, 제문 등에 여자의 경제적 능력을 기록하며 칭송을 아끼지 않았던 것도 이 때문이었다. 대표적인 예로 조선 후기의 문신이자 학자인 최창대(崔昌大, 1669~1720)

가 지은 어머니 행장인 「선비유사」(先妣遺事)가 있다.

> 내 아버님은 집안일에 관심이 없으셔서 밭의 수확에서 모든 일의 출입에 이르기까지 일절 모르시니, 어머님께서 집안 전체의 일을 총괄하고 집행하셨다. 또한 자질구레한 일에 얽매이지 않고 모든 일을 정연하게 행하셔서 아버님을 번거롭게 하는 일이 없었다. 아버님이 관직에 계실 때는 공무에만 마음을 다하고, 물러나 집에 계실 때는 경전에만 몰두할 수 있었던 것도 모두 어머님의 내조가 있었기 때문이다.[10]

최창대의 아버지는 평생 학문 연마와 관직 생활에만 전념했지 집안 살림에 대해선 일절 관심이 없었다. 그 때문에 어머니가 안팎의 모든 집안일을 주관했다. 한마디로 어머니는 '내조의 여왕'이었다는 자랑이다.

물론 이 글은 돌아가신 어머니의 행적을 미화하고자 의도적으로 이렇게 표현했을 것이고, 실제 모습과는 일정 정도 거리가 있다. 기존 연구자들은 이런 글을 곧이곧대로 믿고 조선 후기의 남자들은 집안 살림에 일절 관여하지 않았다고 주장했지만, 당시에도 많은 남자들이 여전히 집안 살림에 적극적으로 참여했다.

다만 조선 후기엔 양반 남자의 살림 참여를 부끄럽게 여기는 사회적 분위기가 만연했고, 이 때문에 겉으로 드러내지 못했을 뿐이다. 이는 여자의 창조 활동을 통한 사회참여를 금기시하는 사회적 분위기 때문에 조선 후기 여자들이 남몰래 작품을 쓰거나 혹은

길쌈과 새끼 꼬기 〈풍속화〉, 성협(成夾, ?~?), 19세기 조선, 종이, 33.2×33.4cm, 국립중앙박물관 소장

무명으로 작품을 발표했던 것과 똑같은 이치였다.

한편, 조선 후기엔 남자들이 집안 살림을 등한시하자 이를 비판하는 사람들이 나타났다. 대표적인 인물이 성호(星湖) 이익(李瀷, 1681~1763)이다.

원래 성호는 아버지 이하진의 유배지인 평안도 운산에서 태어났지만, 바로 이듬해에 아버지가 돌아가시자 고향인 경기도 안산 첨성리로 옮겨와 어머니 권씨와 함께 살았다. 그는 둘째 형 이잠(李潛)에게 글을 배웠는데, 이잠이 역적으로 몰려 처형당하자 과거 시험을 포기하고 평생 학문에만 몰두했다.

그의 생활은 늘 궁핍했다. 그래서 젊은 시절부터 생업에 힘쓸 수밖에 없었다. 그는 직접 농사짓는 것 외에도 뽕나무를 심고 목화를 재배하여 옷을 지어 입었다. 또 과일나무를 심어 제수(祭需)로 충당하기도 했다. 닭도 많이 쳤는데, 틈틈이 닭에게 모이를 주며 닭이 크는 모습을 자세히 기록하기도 했다.[11] 그는 누구보다도 부지런하고 알뜰한 살림꾼이었다.

성호는 양반도 바뀌어야 한다고 주장했다. 당시 선비들이 평생 생업에 종사하지 않고 오로지 독서만 하고 있는데, 세상에 쓸모없고 집안 살림에도 보탬이 못 되어 '썩어빠진 선비'라고 지탄받는 존재가 되어서는 안 된다고 강조했다. 선비도 마땅히 농업에 종사해야 하고, 더 나아가 의리를 잃지 않는 한 상업에 종사하는 것도 무방하다고 했다.[12]

연암도 자신의 소설 「양반전」과 「허생전」에서 집안 살림을 돌보지 않고 책만 보는 양반들을 신랄하게 비판했다.

> 양반이란 사족을 높여서 부르는 말이다. 강원도 정선 고을에 한 양반이 살았다. 그는 성품이 무척 어질고 글 읽기를 매우 좋아했다.
>
> 이 고을에 새로 부임해 오는 군수는 으레 이 양반을 먼저 찾아보았고, 그에게 두터운 경의를 표하는 것이 통례로 되어 있었다. 그러나 워낙 집이 가난해서 관곡을 꾸어 먹은 것이 여러 해 동안에 천 석이나 되었다. 어느 때 관찰사가 그 고을을 순행 오게 되었다. 관아의 곡식을 조사한 관

찰사가 몹시 노했다.

"어떤 놈의 양반이 군량에 쓸 곡식을 축냈단 말이냐."

이렇게 호통을 치고 그 양반이란 자를 잡아 가두게 했다. 명령을 받은 군수는 속으로 그 양반을 무척 불쌍히 여겼지만 갚을 방도가 없으니 어찌하랴. 차마 잡아다가 가둘 수도 없고 상사의 명령을 따르지 않을 수도 없어, 일이 매우 딱하게 되었다.

이 지경에 이른 양반은 밤낮으로 울기만 할 뿐 아무런 대책도 세울 수 없었다. 그 아내가 남편에게 푸념을 했다.

"당신이 평생 앉아서 글만 읽더니 이제 관곡을 갚을 방도도 없이 되었구려. 에이! 더럽소. 양반 양반 하더니 그 양반이란 것이 한 푼 값어치도 못 되는 것이구려."[13]

「양반전」의 서두 부분이다. 강원도 정선에 사는 한 양반이 평생 글 읽기에만 힘쓰고 집안 살림은 돌보지 않다가, 결국 관아에 빚을 지고 옥에 갇힐 신세가 되고 말았다. 대책 없이 울기만 하는 남편을 향해 그 아내가 "에이! 더럽소"라고 질책하는데, 이는 연암이 양반 아내의 입을 빌려 당시 양반들을 비난한 말이다.

남자도 당연히 살림의 한 부분을 맡고 살림을 잘하면 그것이 미덕이 되던 풍속이 임병양란 이후 어느새 바뀌고 말았다. 남자는 입신출세를 오로지하며 학문에 전념하고 안팎의 모든 살림은 여자의 몫이 된 이 풍조가 지금 현대까지 면면히 이어지고 있다고 봐도 과언이 아닐 것이다. 하지만 이런 속에서도 성호나 연암 같은 깨어 있는 학자들은 집안 살림에 등한시하는 남자를 비판했다.

2장
가족을 부양하다

녹봉

현대의 많은 남자들은 직장에 가서 일하고 임금을 받아 가족을 부양한다. 그렇다면 조선 시대 남자는 무엇으로 가족을 부양했을까? 농업국가 조선에서는 거의 대부분의 남자들이 농사를 지었다. 물론 양반 남자도 관직에 있을 때는 녹봉으로, 물러나 있을 때는 여느 평민처럼 농사를 지어 가족을 부양했다. 농사 외에도 가축 기르기, 양봉, 상업, 기타 직업 등으로 가족을 부양했다.

조선 시대에 관리로 진출한 양반 남자는 관직에 나아가고 물러나기를 반복하며 살았다. 오늘날로 치면 일종의 비정규직이었다. 또 그들은 관리가 되면 녹봉을 받아 생계를 꾸리지만, 관직에서 물러난 뒤에는 직접 농사를 지어 생계를 꾸리는 경우도 많았다. 예컨대 조선 후기의 실학자 서유구(徐有榘, 1764~1845)는 『임원경제지』(林園經濟志) 「본리지」(本利志)의 서문에서 이렇게 말했다.

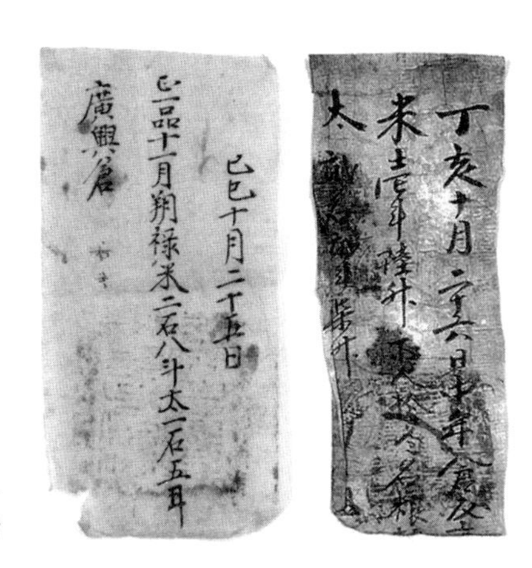

녹패
[좌] 조선, 17×8.5cm, 서울대학교박물관 소장
[우] 조선, 25.9×9.4cm, 국립중앙박물관 소장

> 무릇 사람이 세상을 사는 데에는 벼슬하거나 집에 들어앉아 있는 두 가지 길이 있다. 벼슬할 때는 세상을 구제하고 백성에게 베푸는 것에 힘써야 하고, 벼슬하지 않을 때는 힘써 일하여 먹고 살면서 뜻을 기르는 데 힘써야 한다.[1]

16세기 인물 미암 유희춘은 26세 때 과거에 급제한 뒤 홍문관 수찬과 교리 및 부제학, 사헌부 대사헌, 전라도 관찰사 등의 벼슬을 역임했다.

조선 시대 중앙 관료의 녹봉은 초기엔 1월, 4월, 7월, 10월 등 분기별로 지급받다가, 후기인 1702년(숙종 28)부터는 매달 지급받았다. 녹봉은 집안 노비들이 녹패(祿牌)를 가지고 한강변 마포의 광흥창(廣興倉: 녹봉에 관한 사무를 맡아보던 관아)에 가서 직접 받아오곤 했다.

품계에 따라 지급되는 녹봉의 양이 달랐고, 또 중국 사신이 오거나 흉년이 드는 등 나라에 일이 있으면 조금씩 줄기도 했다. 미암이 1573년(선조 6) 한 해 동안 네 차례(1, 4, 7, 10월)에 걸쳐 받은 녹봉을 그의 생활 일기인 『미암일기』를 통해 살펴보자.

> 1573년 1월 8일. 노비 옥석이 녹봉을 받아 왔는데, 중미(中米)가 3섬, 조미(造米)가 9섬, 콩이 8섬, 명주베가 1필, 삼베가 4필이다. 내가 벼슬이 2품으로 오른 뒤에도 언제나 부제학으로서 3품의 녹봉을 받는다고 부인이 서운하게 생각하지만, 실상은 임금을 가까이 모시는 것이니 영화가 얼마나 큰 것인가.[2]

> 1573년 4월 7일. 노비 몽근과 옥석이 광흥창에서 녹봉을 받아 왔다. 참판으로서 쌀 13섬, 보리 4섬인데, 섬은 모두 20말이었다. 또 명주베 1필, 삼베 3필을 받아 왔는데, 아주 많다고 하겠다. 온 집안이 놀라고 기뻐하니 이전에 못 보던 바이다.[3]

> 1573년 7월 20일. 노비 옥석 등이 녹봉을 받기 위해 광흥창으로 갔는데, 대감이 늦게 도착하여 저녁에야 받아가지고 왔다. 쌀 12섬, 찹쌀 1섬, 명주베 1필, 삼베 4필이다.[4]

> 1573년 10월 7일. 노비 몽근이 광흥창에서 녹봉을 받아 왔는데, 쌀 15섬, 콩 8섬, 명주베 1필, 삼베 3필이다.[5]

당시 미암은 종2품 당상관이었는데, 이해의 녹봉을 모두 합하면 대략 쌀 50여 섬, 콩 16섬, 보리 4섬, 명주베 4필, 삼베 14필 등이었다. 이러한 녹봉을 받을 때마다 미암은 '후하다 하겠다', '모자랐다', '양이 넘치는 것이 많았다'라고 즉각 반응을 보였고, 녹미(祿米)에 대해서도 "여종이 올 여름의 녹미는 밥 짓기가 아주 좋다고 하니 매우 기쁘다"라고 말하며 많은 관심을 보였다. 조선 시대 양반 관료들은 겉으론 물질에 초연한 척했으나 실제론 이렇게 녹봉의 양과 질을 세세히 따지고 관심도 많았다.[6]

찬품(반찬거리)은 미암이 근무하는 부서에서 매달 보내주곤 했는데, 대개 썩는 걸 막기 위해 말리거나 절인 형태로 보내왔다. 찬품을 가져올 때도 미암은 한없이 기뻐하며 임금이 있는 궁궐을 향해 절을 올리거나 가져온 이들에게 약간의 선물을 주곤 했다. 그가 음식 같은 안살림에도 얼마나 관심이 많았는지 단적으로 보여준다.

> 1568년 8월 2일. 홍문관의 관리가 매달 초하루의 임금이 내려주신 물건을 가지고 왔는데, 말린 노루 1마리, 말린 꿩 4마리, 말린 대구 4마리, 말린 큰새우 4두름(80마리), 젓 1항아리이다. 한없이 감사하여 절을 올렸다.[7]

> 1568년 10월 30일. 홍문관에서 매달 초하루의 하사물을 보내왔는데, 말린 노루 1마리, 말린 꿩 4마리, 말린 대구 4마리, 말린 큰새우 4두름, 젓 1항아리이다. 콩 1말과 부채를 서리와 사령들에게 줬다.[8]

땔감과 마초(馬草: 말먹이 풀)도 서울 근교의 능을 지키는 참봉들이 수시로 보내주었다. 워낙 수시로 보내주어 일기에 빠트린 것도 많았던 듯하다.

> 1568년 1월 29일. 헌릉 참봉 김가빈이 땔감나무 4동과 숯 1섬을 보내왔다.[9]

> 1568년 2월 13일. 순릉 참봉 김급이 땔감나무 1동과 숯 1섬을 실어 보냈다.[10]

> 1568년 6월 4일. 순릉 참봉 문덕수가 마초 1짐을 보내왔다.[11]

이렇게 방에 불을 때거나 요리할 때 쓰는 땔감과 숯, 마초 등을 수시로 받곤 했던 미암은 자신이 직접 받았거나 노비들에게 들은 보고를 토대로 일기에 정확히 기록해 두곤 했다.

기타 부수입

조선 시대 양반은 벼슬을 하면 공식적·비공식적으로 많은 수입을 올릴 수 있었다. 공식적으로는 나라에서 녹봉과 찬품, 땔감, 마초 등 많은 생필품을 받았고, 비공식적으로는 여러 지방관의 봉여(封餘)나 식물(食物), 왕의 하사품 등을 받곤 했다.

봉여란 각 지역의 감사와 수령들이 임금에게 진상하고 남은 물건을 말하는데, 말린 고기나 생선 같은 반찬거리에서 쌀이나 콩 같은 식량, 심지어 부채나 종이, 베 같은 고가의 물건도 보내주었다.

> 1568년 5월 12일. 전라감사 송찬이 봉여로 쾌포(快脯: 사슴이나 노루의 고기로 만든 포) 1개, 오징어 1첩, 전복 5줄, 굴비 2묶음, 말린 숭어 1마리를 보내왔다.[12]

또한 미암이 휴가를 받아 고향에 내려가면 항상 인근의 지방관들이 많은 식물을 보내주었다. 식물이란 관아에서 보내주는 특별한 물건을 말하는데, 당시 양반 관료의 살림살이에서 매우 중요한 비중을 차지했다. 예컨대 1567년 겨울에 미암이 휴가를 받아 고향 담양과 해남에 내려갔을 때에도 전라 감사를 비롯해서 광주 목사, 담양 부사, 창평 현감, 낙안 군수 등이 거의 매일같이, 하루에도 몇 차례씩 양식과 반찬거리, 살림도구 등 각종의 물건들을 보내주었다. 이를 토대로 미암은 집안 살림을 꾸릴 뿐만 아니라, 심지어는 논밭을 사들이거나 새 집을 건축하는 등 재산을 증식하기도 했다.

이 외에도 미암은 때때로 임금의 하사품을 받기도 했다. 임금은 평소 숙직하는 신하에게 선온(宣醞: 임금이 신하에게 내리는 술)을 내려줄 뿐 아니라, 국가 제사를 마치면 신하에게 제사 음식을 나눠주고, 중국 사신이 다녀가면 옷가지를 내려주기도 했다.

> 1568년 2월 7일. 저녁에 서리와 다모(茶母)가 임금이 내려 주신 제사 음식 중 고기와 약과를 가지고 와서 주니 감

격함을 금할 수 없어 절을 하였다.[13]

1568년 10월 23일. 저녁에 홍문관의 서리 조희원과 하인 하수가 임금께서 하사하신 의복을 가지고 왔다. 이는 금년 여름 상의원에서 중국 사신에게 주려고 만든 것으로 극히 정밀하고 화려한 물건이다. 아청색 무명베의 단령 하나, 초록색 명주베의 답호 하나, 하늘색 명주베의 철릭 하나, 흰색 모시베의 철릭 하나, 흰색 모시베의 토수(손목싸개), 행전(다리싸개) 하나, 흰색 비단 적삼 하나, 검정색 사슴가죽으로 만든 신발과 일반 신발이 각 한 벌이다. 비상한 하사품이 뜻밖에 내려지니 감읍을 금할 수 없어 곧 뜰로 내려가 대궐을 향해 네 번을 절했다. 처자들이나 온 집안이 임금의 특별한 은총에 그저 감탄했다. 해변에 살던 미천한 신하가 이토록 사랑을 받으니 장차 어떻게 보답을 하리오.[14]

미암은 이처럼 제사 음식이나 의복 같은 임금의 하사품을 받을 때마다 감격하여 대궐을 향해 절을 하며 충성을 다짐하곤 했다.

그런데 이러한 많은 수입에도 불구하고 미암의 가계 사정은 매번 빠듯하거나 오히려 쪼들렸다. 그것은 대식구가 먹어대는 엄청난 밥 양 때문이었다. 조선 시대엔 먹거리가 밥 이외에는 거의 없었기 때문에 한 사람 당 한 끼에 5~7홉(줌) 정도의 많은 밥을 먹었다. 별 반찬 없이 커다란 밥그릇에 밥만 수북이 담아 먹었다.

미암이 부양해야 할 사람은 아들과 딸, 손자 등 직계 가족뿐만 아니라 첩과 네 명의 서녀, 본가와 외가, 처가 등의 일가친척, 집 안팎에서 일하는 십 수 명의 남녀 노비, 기타 문객과 손님 등 셀 수 없이 많았다. 그래서 고향 해남에 있는 농장에서 양식을 배로 운송해서 먹어야 할 형편이었다.

> 1568년 5월 4일. 해남 누님 댁의 노비 주면이 우리 집의 짐을 실은 배를 타고 올라왔는데, 벼가 12섬 14말이요, 사위 윤관중이 보낸 쌀 6섬도 왔다. 벼 10말은 이미 말 삯으로 주고, 나머지 18섬 4말이 왔다.[15]

이처럼 양반 관료의 녹봉으로 대가족을 부양할 수 있는 사람은 극히 일부에 지나지 않았고, 대부분은 시골에 있는 집안 소유 농장에서 농사를 지어 가족을 부양했다. 조선 시대 양반 관료가 걸핏하면 사직서를 내고 고향으로 내려간 까닭은 정치가 자신의 뜻과 맞지 않아서인 것도 있겠지만, 가족 부양이라는 경제적인 이유도 있었다.

꼼꼼한 농사 관리

녹봉을 받지 못하는 몰락 양반이나 시골 양반들은 전적으로 농사를 지어 가족을 부양할 수밖에 없었다. 그들은 항상 농사일을 걱정했는데, 특히 기후 변화에 따른 농사 형편을 많이 걱정했다. 비가 너무 와도 걱정이요, 너무 오지 않아도 걱정이었다. 서울에서 관직 생활을 하던 퇴계 이황이 고향의 큰아들 이준에게 이런 편지를 보냈다.

> 네 편지에선 아직도 비가 오지 않았다고 하였으나, 막실이는 12일 밤에 비가 내려 조금이나마 종자를 뿌릴 수가 있다고 하니, 그렇다면 어찌 몹시 다행한 일이 아니겠느냐. 그러나 이미 곯거나 벌레 먹은 보리와 밀은 가망이 없으니, 집에서 쓸 것은 군색할 것이 뻔하구나. 다른 대책도 없으니, 다만 뼈아프게 아끼고 고생을 참으면서 천명을 기다려야 할 것이다.[16]

> 그곳에는 비가 골고루 흡족하게 내렸느냐? 벼가 여물어 간다니 얼마나 기쁜지 모르겠다. 농노들 가운데 사고가 많이 생겨 풀을 벨 시기를 놓치니 결코 자잘한 일이 아니기에 염려가 된다. 보리 수확은 빌린 것을 갚고 나면 여유가 없을 터인데, 한갓 먹을 양식도 모자랄 뿐만 아니라 종자하기도 어려우니 어찌하랴.[17]

첫 번째 편지는 퇴계가 53세 때(1553) 쓴 것으로, 비가 오지 않아 보리를 제때에 파종하지 못하는 것을 몹시 걱정하고 있다. 당시 퇴계는 서울에서 대사성으로 근무하고 있었다.

두 번째 편지는 같은 해 가을에 쓴 것인데, 비도 충분히 오고 벼도 점점 여물어 가니 기쁘다고 하면서, 일꾼들을 데리고 보리 수확을 잘하도록 당부하고 있다. 하지만 보리 수확을 해 봐야 먹을 양식도 못 되니 나중에 종자는 어떻게 해야 할지 걱정이다.

> 녹봉으로 나오는 보리는 오래되어 묵고 좀이 슬어 종자로 쓸 수가 없다. 그래도 예닐곱 말은 누룩을 둥글게 만들어 배가 갈 때 김천으로 올려 보낼 것이니, 모름지기 사람을 보내 가져가서 다시 보리로 바꾸어 종자로 쓰는 것이 좋겠다. 보리는 이곳 집에서 쓸 것도 매번 궁색하여 부득이 무명과 쌀로 바꾸어 보충해 쓰고 있어 많이 보낼 수 없으니 안타깝다.
> 연산과 불비는 매년 소작으로 받은 밭을 묵히는 것이 매우 지나칠 정도이니 모름지기 죄를 논하고, 내년부터는 불비에게 소작을 주지 않는 것이 좋겠다.
> 순무 종자를 연동에게 조금 보냈는데, 즉시 네게 전달했는지 모르겠다.[18]

이 편지 역시 같은 해 서울에 있던 퇴계가 큰아들에게 보낸 것이다. 당시 녹봉으로 받은 보리는 햇보리가 아닌 묵은 보리였던 듯하다. 그래서 퇴계는 녹봉으로 받은 보리로 누룩을 만들어 보낼 테니 그곳에서 다시 보리 종자로 바꾸어 쓰라고 지시하고 있다. 아울러 순무 종자도 조금 보낸다고 한다. 소작 문제에 대해서도 단호하게 지시하는데, 특히 불비라는 소작인이 문제의 인물이었던 듯하다. 게으른 불비에게 내년부터는 소작을 주지 말라고 지시한다.

농사는 어떻게 지었을까?

조선 시대 사람들은 농사를 어떤 방식으로 지었을까? 당시의 농사, 특히 벼농사를 짓는 방법은 서유구의 『임원경제지』에 잘 나와 있다.

조선 시대에 농사는 국가의 주요한 기간산업이었다. 그러므로 많은 사람이 농사법을 연구하고 지속적으로 농서(農書)를 편찬했다. 조선 후기만 해도 신속(申洬)의 『농가집성』(農家集成), 홍만선(洪萬選)의 『산림경제』(山林經濟), 유중림(柳重臨)의 『증보산림경제』(增補山林經濟), 박지원의 『과농소초』(課農小抄) 등 많은 농서들이 편찬되었다.

서유구도 기존의 학문적인 전통 위에 자신의 경험을 토대로 백과전서식 농서인 『임원경제지』를 편찬했다. 『임원경제지』는 16부의 지(志)로 구성되어 있어서 『임원십육지』(林園十六志)라고도 한다.

원래 서유구는 27세 때인 1790년(정조 15)에 과거 급제해서 규장각 각신으로 일하며 많은 책을 편찬했다. 하지만 정조 승하 이후 작은아버지 서형수(徐瀅修)가 김달순(金達淳) 옥사에 연루되어 유배를 가는 바람에 집안 전체가 어려움에 처했다. 서유구도 그 길로 관직을 버리고 지금의 경기도 연천인 금화 근처로 이주하여 농사를 지으며 살았다. 이때 서유구는 자신의 농사 경험을 『임원경제지』「본리지」에 고스란히 담았다. 「본리지」에는 농사 총론을 포함하여 주로 곡물 농사에 관한 지식이 망라되었다. 그중 '벼 재배 총론'에 대해 간략히 살펴보자.

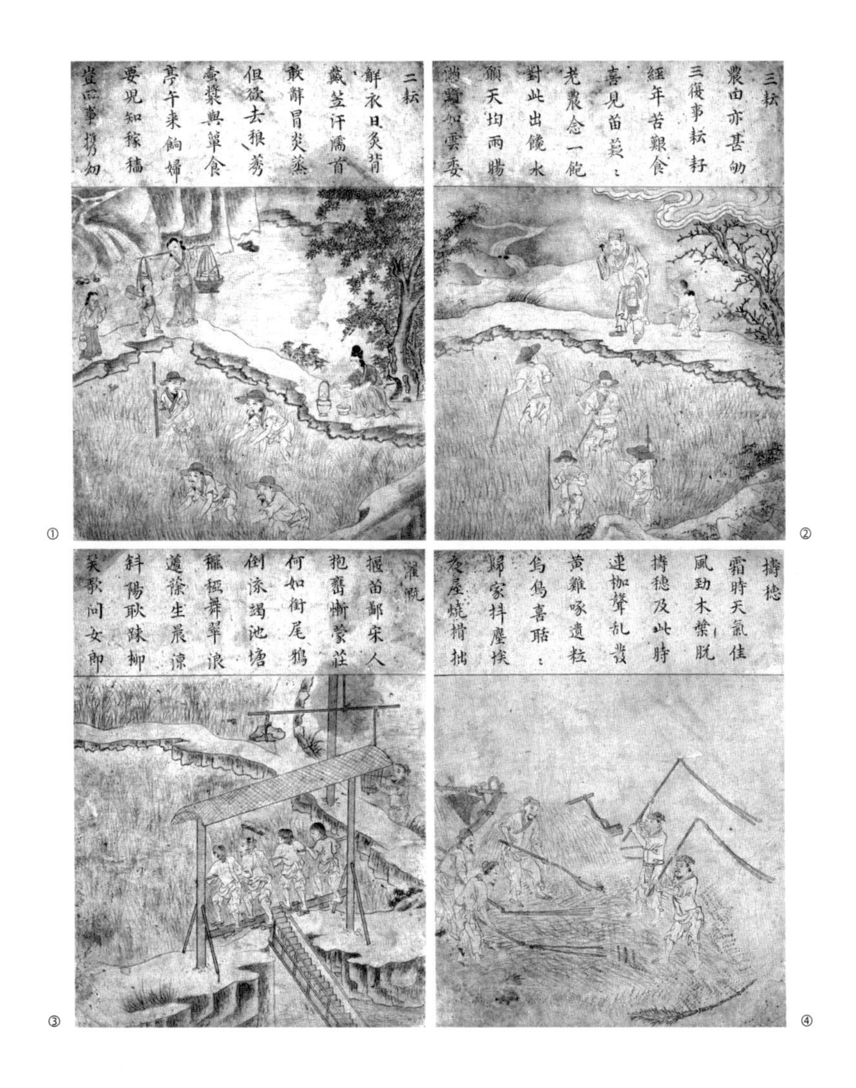

농사 짓는 모습 《누숙경직도》(樓璹耕織圖, 부분), 전(傳) 김홍도(金弘道, 1745~?), 조선, 종이, 33.6×25.7cm, 국립중앙박물관 소장. 중국 남송 시대의 화가 누숙(樓璹)이 그린 그림으로 1498년에 우리나라에 처음 전래되어 18세기 이후에도 계속 제작되었을 것으로 추정된다. 당시 농사짓는 모습이 담겨 있다. ①이운(二耘: 두 벌 매기) ②삼운(三耘: 세 벌 매기) ③관개(灌漑: 물 대기) ④도수(擣穗: 도리깨질)

봄에 땅이 녹으면 그 흙을 갈아서 뒤집는다. 벼를 파종할 때는 논배미를 넓게 하지 말아야 하니, 넓으면 물의 깊이를 맞추기 어렵다. 동지 후 110일이 지나면 벼를 파종할 수 있다. 논이 비옥하면 1묘에 볍씨 4되를 쓴다.
파종 시기는 3월이 적당하고, 4월 상순은 늦고, 4월 중순은 너무 늦다. 먼저 물을 빼내고 10일 후에 녹축(농기구)을 10차례 끈다. 땅이 충분히 삶아지면 종자를 물에 일어서 쭉정이를 걸러내고 파종한다. 논배미는 정해진 크기가 없으나 반드시 지세를 헤아려서 물이 고르게 퍼지도록 해야 한다.

—『제민요술』

모가 0.7~0.8척 정도 자라면 김을 맨다. 김매기가 끝나면 물을 빼내고 햇볕에 말린다. 이삭이 패려고 하면 다시 물에 잠기게 한다. 모가 무성해지면 다시 김매기를 일삼아 잡초를 제거한다.
곡식 수확은 제때에 해야 한다. 일찍 베면 쌀이 푸른 빛깔을 띠면서 단단하지 않고, 늦게 베면 알곡이 떨어져서 수확이 줄어들며, 비바람에 망가질 수도 있다.

—『왕정농서』[19]

서유구는 이렇게 자신의 농사 경험과 『제민요술』『왕정농서』 등 기존의 농서를 토대로 벼의 파종법, 파종 조건과 시기, 김매기, 수확 등을 체계적으로 정리했다. 그래서 누구든지 쉽고 편리하게

감농하는 양반 《단원풍속도첩》〈벼타작〉, 김홍도, 조선, 종이, 28×23.9cm, 국립중앙박물관 소장

벼농사를 지을 수 있도록 했다. 실학자 서유구의 실사구시(實事求是)가 농업에서 빛을 발했다.

그렇다면, 양반이 직접 팔을 걷어붙이고 논밭에 들어갔을까? 그렇게까지 적극적으로 농사를 지은 것 같지는 않다. 조선 시대는 신분제 사회였던 만큼, 그들은 주로 노비나 일꾼을 부려 농사를 짓게 하고 자신은 옆에서 감독하는 이른바 '감농'(監農)을 하곤 했다. 오희문의 『쇄미록』에는 양반의 감농 모습이 잘 기록되어 있다.

> 1594년 3월 18일. 또 종을 시켜 논을 고르게 했다. 식사 후에 화산에 올라가서 일을 잘하는지 굽어보다가 일이 끝난 후에 말을 타고 직접 가서 씨 뿌리는 것을 보고 해가 저물어서야 돌아왔다. 골에는 종자 5말을 다 뿌리고서도 반

두둑이 모자란다. 내일 아침에 송노를 시켜 5되를 더 갖다가 뿌릴 작정이다. 다만 관가에서 준 종자는 반이나 부족하므로 환곡을 받아다가 뿌릴 작정이다.[20]

1594년 6월 28일. 여종 어둔이 모자를 시켜서 논에 김을 매게 하여 끝마쳤다. 5마지기 논은 두 벌 김을 매는데 여러 날이 걸려 혹은 5명, 혹은 4명, 혹은 2명이 매어 이제야 겨우 끝났으니, 거기 들어간 사람을 계산하면 모두 25명이나 된다. 인력은 갑절이나 들어가고 곡식 싹은 실하지 못하며 또 드물게 심겼으니, 이는 모두 어리석은 종들이 힘을 쓰지 않고 일찍 김을 매 주지 않아서 풀만 무성하고 곡식은 드물게 되어 한갓 양식만 허비한 것이니 몹시 한스럽다.[21]

1596년 윤8월 18일. 종 한복이와 두 여종을 시켜 이통진의 논벼를 베어 말리게 했다. 작년보다는 작황이 조금 양호하다. 그러나 진흙이 솟아오르는 곳이 많아서 결실이 부실하니 안타깝다. 언명이와 함께 벼 베는 곳을 두 번 가 보았다. 요새 식량이 떨어져 가는데 돌아봐야 도와줄 곳은 없고, 논농사를 지어 봐야 모두 병작(幷作)이라 전체를 거두어들이지 못하니 소출이 적어 답답할 뿐이다.[22]

오희문이 종들을 시켜 논을 고르고 씨 뿌리기, 김매기, 벼 베기 등 한 해의 농사를 짓고 있는데, 조선 중기까지도 벼를 파종할 때 이앙법이 아닌 직파법을 쓰고 있다. 병작은 지주가 소작인에게 소작료를 수확량의 절반으로 매기는 일을 말한다.

닭을 기르고, 벌을 기르고, 사람도 기르다

조선 시대 양반 남자는 농사 외에도 양계나 양봉 등 다양한 부업을 해서 집안 살림에 보탰다. 농사만으론 대식구를 건사하기 어려웠기 때문이다.

이들이 택한 부업으로는 우선 양계(養鷄)를 들 수 있는데, 닭을 기른 정황이 오희문의 『쇄미록』에 자세히 기록되어 있다.

> 1595년 3월 15일. 병아리 7마리를 길러 키워서 거의 메추라기만 하게 되었는데, 오후에 이웃집 고양이가 1마리를 물어갔으니 몹시 밉다.[23]

> 1595년 5월 15일. 함열에서 바꿔 온 암탉에게 알 19개를 품게 했다.[24]

> 1595년 6월 9일. 이른 아침에 암탉이 둥우리에서 내렸는데 병아리 17마리를 깠고 2개는 썩었으나 깨지지는 않았다.[25]

> 1595년 6월 11일. 밤에 이웃집 고양이가 병아리 우리를 침입하여 어미닭이 소리를 내므로 놀라 깨어서 나가 쫓았

〈야묘도추〉(野猫盜雛: 들고양이가 병아리를 물고 도망치다) 김득신(金得臣, 1754~1822), 조선, 종이, 22.4×27cm, 간송미술관 소장

> 다. 다행히 닭 우리가 견고해서 물어가지는 못했다. 밤마다 침입하니 함정을 만들어 잡으려 했으나 틀이 없어 설치하지 못하니 분함을 이길 수 없다.[26]

오희문은 병아리를 키우고 암탉에게 알을 품어 병아리를 까게 했다. 하지만 이웃집 고양이가 자주 닭 우리에 침범해 병아리를 물어가려 하니 몹시 밉다.

오희문은 양봉(養蜂)도 했다. 특히 밀랍은 제사용 초를 만드는 데 쓰이는 아주 중요한 재료였다. 하지만 양봉은 아무나 할 수 있는 일이 아니었다. 양봉의 어려움에 대해 오희문은 이렇게 썼다.

1598년 5월 6일. 신수함의 벌통에서 또 새끼 벌이 나서 동쪽 울타리 밖의 배나무에 매달고 종 수이로 하여금 받아서 앉히려 했더니 도로 흩어져서 뒷산 한 마장이나 되는 숲의 나무 밑에 모였으므로 간신히 받아다가 언명의 방 밖에 앉혔다. 거의 잃을 뻔했다가 도로 얻으니 기쁘다. 수이가 벌을 앉히는 법을 알지 못하고 미끄러운 그릇에 받아서 그랬던 것인데, 이렇게 되면 머잖아 도로 도망한다고 한다.[27]

1598년 5월 7일. 어제 잡은 새끼 벌은 그 집이 불안해서 흩어져 나와 집안에 가득하여 혹 방에 들어와 옷을 뚫어서 상하가 많이 벌에 쏘이고, 혹 도로 벌통 안으로 들어갔다가도 즉시 멀리 날아가서 이렇게 하기를 여러 번 하다가 날이 저문 후에 이르러서야 모두 들어갔다.[28]

오희문이 종을 시켜 양봉을 하는데, 벌통의 벌이 자꾸만 새끼를 쳐서 나가 버리고 만다. 오희문은 벌들을 겨우 붙잡아 벌통에 집어넣지만 도로 흩어져 나와 온 집안사람을 쏘거나 멀리 달아나곤 했다. 벌치기는 결코 쉬운 일이 아니었다.

성호 이익은 닭과 벌을 기르면서 사람을 기르는 이치를 깨달았다. 한평생 벼슬하지 않고 농사를 지으며 학문에 힘썼던 성호는 가족의 생계를 위해 양계와 양봉을 부업으로 했다. 그가 쓴 한쪽 눈이 먼 암탉 이야기인 「할계전」(瞎鷄傳)을 살펴보자.

암탉이 둥지에 있는데 한쪽 눈이 멀었다. 오른쪽 눈동자가 완전히 덮였지만, 왼쪽 눈은 감기지 않아 약간 사팔눈이었다. 낟알이 그릇에 가득 차 있지 않으면 쪼 수 없고, 다녔다 하면 담장에 부딪쳤다. 우왕좌왕하면서 슬슬 피하기나 하니 모두들 이 닭은 새끼를 기를 수 없을 것이라고 했다. 날이 차서 병아리가 나왔기에 빼어다가 다른 닭에게 주려고 했는데, 가엾어서 차마 그러지 못했다.

얼마 지나서 살펴보니 닭이 할 일 없이 항상 섬돌과 뜰 사이를 떠나지 않고 있었는데, 병아리는 어느새 자라 있었다. 다른 어미 닭은 거의 상해를 입거나 잃어버리거나 해서 혹 반도 남아 있지 않은 것도 있었다. 이 닭만 온전하게 둥지를 건사했으니 어째서인가?

(…)

저 닭은 일체를 모두 반대로 하니 길을 다녀도 멀리 가지 못하므로 사람 가까이에 의지하고 있다. 눈은 살피지 못하므로 항상 두려움을 품고 있다. 행동거지는 느릿느릿하면서 안아 주고 덮어 주기만 자주할 뿐 애쓰는 모습은 보지 못했지만, 병아리는 스스로 먹이를 찾아 먹으면서 자랐다.

대저 새끼를 기르는 것은 작은 생선 삶듯이 조심스럽게 해야 하며 교란시키는 것은 금물이다. 저가 그만한 지혜가 있는 것은 아닌데 방법이 잘 맞아떨어져, 결국 온전하게 된 것은 그 까닭이 여기에 있지 저에게 있는 것은 아니다.

사물을 기르는 방도는 먹이를 챙겨 주는 데 있을 뿐만이 아니고 바로 거느리는 기술이 있어 각각 그 생명을 이루

> 어 주는 것이니, 그 요령을 잘 부려서 잊지 않은 데 달려 있다는 것을 알겠다. 내가 이에 닭을 기르는 것으로 사람을 기르는 방도를 얻었다.[29]

성호는 한쪽 눈이 먼 닭을 보며 닭을 기르는 것과 사람을 기르는 이치가 같다는 것을 깨달았다.

성호는 양계뿐만 아니라 수십 년 동안 양봉을 해서 벌을 기르는 법이나 벌의 속성에 대해 누구보다 잘 알게 되었다. 닭을 기를 때와 마찬가지로 그는 벌을 통해서도 인간사의 이치를 깨달았다.

> 침으로 쏘는 벌레 중에 꿀벌만큼 훌륭한 게 없다. 꿀벌은 남과 다투는 법이 없다. 초목에 의지해 사는 모든 벌레는 잎을 갉아먹거나 뿌리를 갉아먹는 등 해를 끼치지 않는 것이 없다. 그런데 오직 벌만은 꽃가루와 이슬 등 쓸모없는 것을 먹는다. 그리고 다른 벌레를 만나면 옆으로 비켜 주고, 전혀 다투지 않는다.
>
> 임금 벌은 위에서 편하게 있고, 신하 벌들은 밑에서 고생한다. 그런데 태어날 때부터 모양이 달라 아무리 반란을 일으키려 해도 그럴 수 없다. 그러다 보니 임금의 은혜가 신하에게 미치지 않더라도, 신하는 원망하거나 탓하지 않고 저항하거나 배반하지도 않는다. 화가 나서 침을 쏘면 반드시 죽는데, 그 용맹은 제 자신을 위해서가 아니고 임금을 위한 것이니, 부지런히 임금을 섬길 뿐 의심하거나 꺼리지 않는다.[30]

성호는 초목에 해를 끼치지 않고, 다른 벌레와 다투지도 않으며 임금 벌(여왕벌)을 충성스럽게 섬긴다고 하여, 꿀벌만큼 훌륭한 벌레가 없다고 말한다. 다시 말해 벌이 인간보다 훨씬 낫다는 뜻이다.

상업에 대한 이중적인 태도

조선 시대에는 '사(士)·농(農)·공(工)·상(商)'이라 하여, 상업을 가장 천시했다. 상인은 농부처럼 직접 노동하지 않고 이윤을 추구하며 살기 때문이다. 물론 조선 중기까지는 생계를 위한 상업 행위에 대해 비교적 개방적인 태도를 갖고 있었다. 심지어 양반도 노비를 시켜 물건을 교환하여 가계 운영에 보탬이 되고자 했다.

> 1593년 11월 22일. 어제 여종 향춘이 시장에 가서 술을 팔아 쌀을 사려고 돈을 주머니에 가득히 넣어가지고 갔다가 잃어버리고 빈손으로 돌아왔으니 우스운 일이다. 한 푼의 남는 것이라도 얻어서 그 부족함을 채우려 했더니, 도리어 그 본전까지 모두 잃었으니 탄식이 나온다.[31]

> 1597년 4월 15일. 저녁에 종 덕노가 서면의 집에서 왔는데, 전일에 통천에서 산 소금을 이천 장에 가서 팔고, 남은 소금은 서면의 집 근처에 두고 돌아왔다. 다만 소금 1말에 조 3말을 받을 수 있는 것을 덕노는 2말 5되를 받아왔으

니 밉살스럽다.[32]

오희문의 일기 『쇄미록』의 기록으로, 오희문은 임진왜란의 와중에도 노비를 시켜 술을 팔아 쌀을 사오게 한다거나, 소금을 팔아 조금이라도 살림에 보태고자 했다.

하지만 조선 후기 문벌사회가 강화되면서 양반은 점차 가문 유지를 위해 도덕과 명분을 내세우며 상업을 수치스럽게 생각하고 상인을 천시했다. 양반이 한번 상업에 종사하면 그 집안의 후손은 영영 벼슬길이 막히고, 앞으로는 더 이상 양반 가문과 혼인 및 교유 관계를 맺을 수 없었기 때문이다.[33] 그래서 조선 후기엔 몰락 양반이 생계를 위해 남몰래 상업에 종사했고, 당연히 양반층의 상업 활동에 대한 자료는 거의 남아 있지 않다.

연암 박지원은, 물론 중국인의 말을 빌려 기록한 것이긴 하지만, 『열하일기』에서 상업이 아주 비천한 것은 아님을 말하고 있다.

> 점포를 열어 물건을 놓고 파는 것을 비록 인생의 하류로 돌아갔다고들 말하지만, 장사란 하늘이 아름다운 극락세계 하나를 열어 준 것이고 땅이 지상낙원을 열어 준 것입니다. 도주공의 일엽편주를 띄우고, 단목(段木)의 수레를 몰아 유유히 사방으로 다녀도 도무지 간섭하거나 거치적거리는 것도 없답니다. 커다란 도회지나 고을의 즐거운 곳이 바로 우리 집이지요. 긴 처마와 화려한 집에서 몸은 한가하고 마음은 편하여, 된서리가 오거나 뜨거운 햇살이 비쳐도 내 마음대로 편하게 지낼 수 있습니다.

이 때문에 부모님께 공손하고 처자에게 원망을 사지 않으니, 그야말로 누이 좋고 매부 좋은 꼴이어서 고생을 하든 편하게 살든 모두 잊을 수가 있습니다. 그러니 농사일과 벼슬아치에 견주어 괴로움과 즐거움이 어느 것이 더 낫겠습니까?[34]

중국 상인 이구몽(李龜蒙)의 말을 기록한 것이라고 하지만, 연암의 진심이 담긴 글이다. 여기서 한 발 더 나아가 실학자 박제가(朴齊家, 1750~1805)는 아예 상업을 두둔하는 글을 남겼다.

우리나라는 풍속이 허례허식을 숭상하고 주위의 눈치를 살피며 금기하는 것이 너무 많다. 사대부라면 차라리 놀고먹을지언정 농사짓는 따위의 일을 하지 않는다. 그래도 들녘에서 농사를 지으면 남들이 알아차리지 못할 수도 있다. 어쩌다 양반이 잠방이를 걸치고 패랭이를 쓴 채 "물건 사시오!"라고 외치며 장터를 돌아다닌다거나 먹통이나 칼, 끌을 가지고 다니면서 남의 집에 품팔이하며 먹고 산다면 부끄러운 짓을 한다고 비웃으며 혼사를 끊지 않는 자가 드물 것이다. 그러므로 집안에 동전 한 푼 없는 자라도 모두가 다 성장(盛裝)을 차려입어 차양 넓은 갓에다 넓은 소매를 하고서 나라 안을 쏘다니며 큰소리만 친다. 그러나 그들이 입고 먹을 것이 어디에서 나오겠는가?
마지못해 세력가에 빌붙어 권력을 얻으려고 하므로 청탁하는 풍습이 형성되고 요행수나 바라는 길을 찾는다. 이

근대의 노점상 〈(조선풍경) 노점〉, 한국-일제강점, 사진 엽서, 9×14.2cm, 부산광역시립박물관 소장

> 러한 짓거리는 장터의 장사꾼들도 더럽게 여기는 행위이다. 따라서 나는 차라리 중국처럼 떳떳하게 장사하는 행위보다 못하다고 말한다.[35]

물론 북학파 실학자 일부의 파격적인 주장일 뿐 대부분의 양반은 여전히 상업을 천시했다. 이런 사회 풍조 때문에, 양반은 대리자를 내세워 장사를 하거나 자본을 빌려주어 암묵적으로 상업 행위를 해서 돈을 벌어들이곤 했다. 조선 후기 상업 활동에 대한 양반의 태도는 대단히 이중적일 수밖에 없었다.

3장
안살림

음식

중년을 넘어선 많은 한국 남자들은 어릴 때 한 번쯤은 '남자가 부엌에 들어오면 고추 떨어진다'라는 소리를 들어봤을 것이다. 도대체 이 말은 언제부터 생겨난 걸까?

조선 시대 남자는 녹봉을 받고 농사를 짓고 부업을 하는 등 다양한 바깥살림뿐만 아니라 의식주를 두루 책임지는 안살림까지 참여했다. 살림 참여에 남녀의 경계는 애초부터 없었으며, 오히려 남녀가 서로 협력해서 음식을 마련했다. 조선 시대 남자는 양식과 반찬거리, 땔감 등 식재료 마련뿐 아니라 직접 요리에 참여했으며, 심지어는 요리책을 쓰는 이도 있었다.

1593년 5월, 오희문 집안에 양식이 떨어졌다.

> 1593년 5월 27일. 여종 춘이를 정산 가질지의 집에 보내서 양식을 싣고 왔다. 근일에 양식과 반찬거리가 모두 떨어져

민망하고 근심되던 차에, 어제는 생원 이익빈이 벼 4말을 보내와 마치 백 명의 벗을 얻은 것과 같았으니, 수일 동안의 굶주림은 면할 수 있겠다. 기쁜 일이다.[1]

1593년 5월 28일. 전에 시장에서 포목을 사 두었던 것을 이때에 보리로 바꿔 먹으려 했으나, 이제 들으니 포목 값이 너무 싸서 겨우 보리 12~13말에 지나지 않는다 하니, 전일의 계획은 도리어 헛일이 되었다. 여름 지내기가 몹시 어렵겠으니 민망함을 어찌 다 말하랴.[2]

임진왜란 와중에 춘궁기까지 겹쳐 날이 갈수록 양식을 구하기 어려운 시절이었다. 오희문은 노비를 보내 남의 집에서 쌀을 얻어 오고, 포목을 가지고 시장에 가서 보리로 바꿔 오고자 하나 보리 값이 너무 올라 아무래도 여름을 나기 어렵겠다며 걱정한다.

17세기 초 경상도 현풍에 살던 시골 양반 곽주(郭澍, 1569~1617)는 전처를 잃고 하씨를 후처로 들였지만 별거한 채 살고 있었다. 하씨가 전처 자식과도 사이가 나쁘고, 처첩 갈등까지 겪으면서 집을 나가 버렸기 때문인데, 곽주는 아내 하씨에게 자주 편지와 함께 반찬거리를 보내주곤 했다.

생선 한 마리를 보내니 자식들하고 구워 잡수시오. 또 한 마리는 아들에게 보내니, 거기에 있는 아이를 시켜 편지와 함께 가져다가 주고 답장을 받아 여종 봉개에게 주어 보내소. 바빠서 이만.[3]

생선 두 마리 가니 큰 것은 자식들하고 구워 잡수시고, 작은 것은 봉개를 시켜 장재골 아이에게 갖다 주도록 하소. 봉개에게 편지까지 주고 장재골 아이의 안부를 알아 보내소.[4]

별거하는 아내에게 생선을 보내고, 또 근처에 독립해 사는 전처소생 아들에게도 생선과 편지를 보내며 안부를 듣고자 한다.

이처럼 주식 외에 각종 반찬거리를 마련하는 것 역시 남자의 일 중 하나였다. 비록 요리는 여자가 많이 했지만, 여러 가지 식재료는 남자가 마련해 주곤 했다. 요즘으로 치면 장보기를 남자가 맡은 것이다.

조선 시대 남자는 가끔씩 고기잡이와 사냥 등을 통해 고기류의 반찬거리를 조달하기도 했는데, 단백질 섭취 기회가 별로 없던 당시에 아주 중요한 식재료였다.

피난 생활을 하던 오희문은 종을 시켜 물고기를 잡아 오게 해서 반찬거리로 삼곤 했다.

1597년 8월 18일. 지난밤에 통발로 잡은 물고기가 겨우 다섯 마리인데, 크기가 손가락만 하니 우스운 일이다. 낮에는 따오기가 통발 머리에 섰다가 물고기가 떨어지면 쪼아 먹으므로, 아이종을 시켜 쫓아도 도로 돌아오니 밉살스럽지만 어찌하리오. 반드시 풀을 베어다가 통발 위를 덮은 뒤에라야 그 걱정을 면할 수 있을 것이다.[7]

1597년 8월 27일. 통발에서 얻은 물고기가 크고 작은 것해서 30여 마리가 되었다. 어제 통발을 고쳐 쌓았기 때문에 잡은 것이다. 아침 식사에 탕을 끓여 어머님께 드리고, 나머지는 처자들에게 주었다.[8]

오희문이 노비를 시켜 통발을 가지고 가서 물고기를 잡아 오도록 하여 식사 때 탕으로 끓여 먹었다. 특히 그는 보다 크고 많은 물고기를 잡기 위해 여러 가지 방법을 시도하며 무척 애썼다.

조선 후기 경상도 선산에 살던 무관 노상추(盧尙樞, 1746~1829)는 가끔씩 사람들을 데리고 인근 연못에 가서 물고기를 잡곤 했다.

1770년 10월 1일. 정선달 및 두서너 사람과 함께 조목연에 가서 물고기 두서너 말(斗)을 잡아 왔는데, 크기가 반 자나 되는 것들이 20마리이다.[5]

1771년 7월 29일. 낮 무렵에 두세 사람을 데리고 고도의 연못에 가서 물고기 한 광주리를 잡아 왔다.[6]

노상추 집 식구들은 이날 물고기로 탕을 끓여 모처럼 영양 보충을 했을 것이다.

물고기를 잡는 천렵 외에도 노루나 사슴, 멧돼지, 꿩 같은 동물을 사냥해서 육류 반찬거리를 마련하는 수렵을 하기도 했다. 특히 당시에는 집에서 길들인 매로 새나 꿩, 토끼 등을 잡는 매사냥을 주로 했다. 묵재(默齋) 이문건(李文楗, 1494~1567)이 경상도

〈토끼를 잡은 매〉(부분) 심사정(沈師正, 1707~1769), 조선, 종이, 115.1×53.6cm, 국립중앙박물관 소장

성주에서 32년 동안 유배를 살면서 쓴 생활 일기인 『묵재일기』(默齋日記)에 당시 양반들의 매사냥 모습이 기록되어 있다.

> 1553년 10월 13일. 이희명이 사람을 보내 말하기를, "오늘 날씨가 화창하니 성령에서 매를 풀어 사냥하는 것이 어떻겠습니까?"라고 하기에 매우 좋다고 답했다. 식후에 과연 그가 왔기에 소삼동으로 함께 가서 언덕 위에서 쉬고 있으니, 사마소 사람들이 자리를 펼치고 천을 깔았다. 여유도 매사냥을 하러 왔고, 매 부리는 사람도 여기로 모였다. 드디어 개를 데리고 꿩을 찾는데, 꿩이 날면 매가 쫓

> 는 것도 즐길 만했다. 매 2마리가 꿩 4마리를 잡았다. 말을 보내 종손 이천택을 불러와 함께 꿩을 먹고 술을 마시고 저물녘에 또 늦은 점심을 먹었다.[9]

유배 중이지만 비교적 자유롭다. 이문건은 사람들과 함께 매사냥을 나가 개를 풀어 꿩을 찾도록 하고, 꿩이 날면 매를 날려 잡았다. 이윽고 꿩 4마리를 잡은 뒤 종손까지 불러다가 꿩고기로 술과 밥을 먹었다. 사냥하는 모습이 눈앞에 그려진다.

의복

생활필수품인 의복은 예의범절을 중요시한 유교의 나라 조선에서는 특히 신경 써야 하는 것이었다. 음식의 경우 남녀 구분 없이 함께 준비했다면, 유독 의복만은 주로 여자의 일이었다.

조선 시대에 여자의 일 중 임신과 출산 다음으로 중요하게 생각했던 것이 의복이다. 아마도 의복은 주로 실내에서 작업이 가능하고, 임신과 육아 중에도 작업이 가능하며, 무엇보다 섬세한 손기술을 필요로 했기 때문인 듯하다. 양잠과 길쌈, 바느질 등 의복 노동은 조선 시대 여자의 대표적인 치산(治産) 수단이었다. 따라서 의복 관련 기술은 당시 여자들이 결혼 전에 반드시 배워야 하는 것이었다.

목화나 삼베 농사는 남자들이 참여하기도 했지만, 누에를 쳐서 명주를 생산하는 양잠만큼은 여자가 전담하려 했다. 한철 집중해서 일하면 목돈을 벌 수 있었기 때문이다. 그래서 여자들은 초여름인 음력 5월만 되면 만사를 제쳐두고 양잠에 매달렸고, 이것 때문에 남편과 갈등을 빚기도 했다. 오희문의 기록이다.

> 1598년 5월 9일. 김담과 춘금 및 두 여종이 소 두 마리를 몰고 가서 뽕잎을 따가지고 왔다. 안팎에 있는 누에가 모두 석 잠을 자고 일어나서, 이제 바야흐로 많이 먹는다. 안협, 평강의 두 고을 사람들이 날마다 뽕잎을 따기 위해 산에 가득하므로 많이 실어오지 못했다. 종일 굶주리던 누에들이 오늘밤에 두 번 먹은 후에 내일은 필시 굶을 것이다.
> 부인이 한 집의 힘을 헤아리지 않고 과다하게 누에를 쳐서 온 집안 종들이 누에치기하는 데만 진력하고, 밭 갈고 김매는 일은 돌아다 볼 겨를이 없게 만들었다. 농사철이 이미 늦어져서 묵은 밭을 일구는 일은 형세가 미치지 못하고 있다. 조밭은 풀이 무성한데도 역시 제때에 매지 못하여 장차 쑥밭이 되겠으니 이루 말할 수가 없다. 더구나 상하가 모두 병이 나서 누워 앓는 자가 역시 많고, 언명의 여종 개금은 몹시 아파서 종일, 그리고 밤새 아프다고 부르짖고 있으니 더욱 몹시 걱정스럽다.[10]

5월이 되자 안주인이 온 집안 식구를 데리고 누에치기에 매달렸다. 그래서 남편 오희문은 부인이 과도하게 누에를 쳐서 다른 농사일에 지장을 준다며 은근히 불만을 터트린다. 누에치기 때문에 부부간 불화의 조짐까지 보인다.

①
②
③
④

누에치기하는 모습 《누숙경직도》(부분), 전(傳) 김홍도, 조선, 종이, 33.6×25.7cm, 국립중앙박물관 소장
①위잠(餵蠶 : 누에 먹이기) ②삼면(三眠 : 세 번째 잠) ③분박(分箔: 잠상 나누기) ④채상(採桑 : 뽕잎 따기)

양잠처럼 무명이나 모시, 명주 등의 옷감을 짜는 길쌈도 전적으로 여자의 몫이었는데, 이를 통해 여자들은 집안에서 자신의 지위를 유지할 수 있었다. 길쌈을 해서 얻은 옷감으로 가족의 옷을 짓거나 세금을 납부하기도 하고, 더 나아가 화폐로도 사용했기 때문이다. 앞서 소개한 미암 유희춘의 녹봉 명세서에도 명주베와 삼베가 포함되어 있었다. 당시 길쌈은 남자가 주로 담당한 농사와 함께 국가 경제를 유지하는 중요한 기간산업이었다.[11]

바느질 역시 조선 시대 여자의 주요한 경제 활동 수단이었다. 당시 여자들은 바느질 솜씨로 자존심을 겨뤘고, 또 워낙 공력이 많이 들어가므로 품삯도 매우 비쌌다. 그래서 바느질로 생계를 잇거나 집안을 일으킨 여자들이 많았다.

『중종실록』 중종 9년 2월의 기사에 따르면, 조선 중종 때 형조참판과 판서, 한성부 판윤 등을 지낸 반석평(潘碩枰, 1472~1540)은 원래 재상가의 노비였다고 한다. 그런데 워낙 재주가 뛰어나 그의 할머니가 서울로 데리고 올라가 셋집에 살면서 길쌈과 바느질로 생계를 이어 가며 그를 과거에 합격시켰다고 한다. 그 후손 중에 반기문 전 UN 사무총장이 있다.

그렇다고 남자가 의복 일에 전혀 참여하지 않은 것은 아니었다. 그들도 다양한 형태로 의복 일에 참여했는데, 가장 큰 역할은 역시 의복의 재료인 옷감 조달이었다.

먼저, 남자는 직접 면화나 삼 농사를 지어 식구들에게 필요한 옷감을 조달했다. 대표적인 예로 17세기 사람 곽주는 매년 면화 농사를 지어 자기 가족뿐만 아니라 주변의 일가친척에게도 나눠 주었다.

면화를 나눌 치부책

큰댁 18근, 골안댁 12근, 다리 어미 15근, 열진이 12근, 수개 5근. 무명을 만들어 팔아먹어야 하는데 면화가 아주 모자라니 어쩔꼬 하네. 큰댁이나 다리네나 다 아니 주지는 못할 것이고, 받은 사람들이 생각하기에 다 적게 여기겠지만, 쓸 데가 많으니 비록 적다고 여겨도 내가 적은 대로 주도록 하되, 먼저 준 것을 아울러 헤아려서 주도록 하소. 지금 드리는 것도 한꺼번에 드리지 말고 면화를 따는 모양을 보아 가면서 여러 번에 나누어 조금씩 드리도록 하소. 내가 적은 것은 횟수와 수량을 적어 놓았으니, 여러 번 드린 것을 합해서 내가 적은 수량에 맞게 드리소.[12]

곽주가 아내에게 편지와 함께 면화를 보내며 주변의 일가친척에게 나눠 주라고 지시하고 있다. 그런데 나눠 줄 곳은 많고 수확량은 적어 걱정이다.

곽주의 경우처럼 남자가 직접 농사지어 옷감을 조달하기도 하고 또 시장에서 구입해 조달하기도 했다. 오희문은 가족에게 필요한 옷감을 시장에서 구입하여 조달하기도 했다.

1593년 7월 1일. 종 막정이 임천 시장에 가서 쌀 2말 5되로 모시 40척을 바꿔 왔고, 또 쌀 1말로 생모시 2근 2량을 바꿔 왔다. 곡가가 비싸기 때문에 포목 한 필 값이 보리 4~5말이라고 하니, 사람들이 모두 전에는 이런 때가 있었던 것을 듣지 못했다고 한다. 그러므로 모시 값이 이같이 천

한 것이다. 모시는 아들 인아의 여름옷을 지으려고 한다.[13]

오희문이 아들의 여름옷을 지어 주기 위해 집안 노비를 시켜 쌀을 가지고 시장에 가서 모시베를 구입해 오게 했다. 전쟁 중이라 곡가가 비쌌기에 쌀 두서너 말로도 귀한 모시베를 상당량 구입할 수 있었다.

조선 시대 남자는 평소 의복에 대해 잘 알고 있었고, 상황에 따라선 본인이 직접 의복을 관리하기도 했다. 대표적인 예가 추사(秋史) 김정희(金正喜, 1786~1856)와 그의 부친인 김노경(金魯敬, 1766~1837)이 아닐까 한다.

추사의 아버지 김노경은 1830년 고금도에 유배되어 있을 때 며느리들에게 편지를 보내 자신의 의복을 어떻게 지어서 보낼지에 대해 상세히 알려주곤 했다.

> 여기는 서울과 달라 모구(毛具: 털로 만든 방한구) 할 게 변변히 없고, 두루마기와 토시를 다 누빈 것으로 지어야 하는데 내려온 두루마기와 토시들은 다 흰 것으로 만들어 잠깐 사이에 더러워지니, 전에 짙은 회색으로 만든 두루마기와 토시들을 보낼 것이요, 두루마기는 얇은 세누비로 지은 그 전에 입던 낡은 것이 있는데 아니 보내고 어쩐 일이니? 그 앞에 하나 지어 보내고, 토시는 짓기 어렵지 아니한 것이니 얇은 것, 두꺼운 것 한 벌씩 염색을 너무 엷게 하지 말고 짙은 빛으로 하여 보내면, 이미 내려온 흰 토시와 겹쳐 끼면 겨울나기는 넉넉할 게다.[14]

바느질 〈(조신풍속) 바느질〉, 한국-일제강점, 9×14.2cm, 사진 엽서, 부산광역시립박물관 소장

원래 양반 남자의 의복 수발은 부인의 고유 권한이었다. 몸에 딱 맞는 옷을 짓기 위해서는 그 남자의 몸을 잘 알고 있어야 했고 직접 치수를 재야 했기 때문에 남편의 옷 수발을 다른 여자에게 맡기지 않았다. 하지만 상처(喪妻)한 남자의 경우에는 보통 며느리에게 의복 수발을 부탁하곤 했다. 김노경은 편지를 쓸 당시에 이미 아내를 잃었기 때문에 며느리들에게 의복 수발을 부탁했다. 또한 그는 평소 자신의 의복 관리뿐만 아니라 각종 의복을 짓는 방법, 염색법, 착용법까지 자세히 알고 있었다.

추사는 1840년부터 1849년까지 제주도에서 유배를 살았는데, 이때 아버지 김노경처럼 자신의 의복을 직접 관리했다.

겨울에 벗은 옷을 올려 보내오니 미리 또 고쳐 보내셔야

> 되겠사옵니다. 여기는 겨울 것을 여름에 신경 써야 믿겠사옵니다. 바지는 무명으로 만든 것을 고쳐 보내고, 명주 비지는 보내지 마옵소서. 여기에 토주(吐紬: 명주) 바지 하나 있는 것은 조금 두껍기에 입지 않고 아직 두었사옵니다. 두루마기나 둘 다 고쳐 보내옵소서. 무명 두루마기가 해롭지 아니하니 헤아려 하옵소서. 소매 있는 두루마기는 내려온 것이 그대로 다 있으니 다시 하여 보내지 마옵소서. 여기에서는 자주 입는 것이 아니오니 여러 벌이 부질없사옵니다.[15]

추사가 예산 집에 있는 아내에게 보낸 편지의 일부분이다. 봄 4월에 겨우내 입었던 옷들을 벗어 집으로 보내며 벌써부터 겨울옷을 장만해 달라고 부탁하고 있다. 특히 유배객으로서의 처지를 생각하고 세탁하기가 어려워서인지, 바지나 두루마기를 화려한 명주가 아닌 수수한 무명옷으로 해달라고 한다.

주택

주거와 관련된 일이나 건축 등은 주로 남자의 몫이었다. 건축일은 힘을 많이 써야 하고, 목수나 장인, 일꾼 등 남자들을 많이 상대해야 했기 때문이다.

조선 시대의 새집 짓는 모습은 『미암일기』에 아주 잘 묘사되어 있다. 『미암일기』를 집필한 1567년에서 1577년까지 11년 동안 미암은 해남과 창평 두 곳에 새집을 건축했다. 해남 집은 1569년 겨울에 휴가를 얻어 고향에 내려갔을 때 해남읍성 서문 밖에 47칸짜리 기와집으로 지은 것이다. 그리고 창평 집은 1575년 가을에 벼슬을 그만두고 창평 수국리로 내려왔을 때 지은 것이다. 창평 집은 미암이 노후를 보내기 위해 지은 집인데, 이 창평 집의 기록을 토대로 조선 시대의 건축 모습을 살펴보자.

원래 창평 집은 미암의 부인 송덕봉이 설계한 뒤 1546년 안채, 1568년 행랑채까지 손수 지었다. 그리고 1575년 미암이 낙향하여 마지막으로 사랑채를 짓기 시작했다.

우선 미암은 인근의 사찰인 용천사의 승려들을 동원하여 건축 재목들을 운반하기 시작했다. 1575년 10월 27일에는 용천사의 승려 80명이 와서 들보 2개, 서까래 1개, 기둥 3개를 메어서 들여왔는데, 미암은 그들에게 밥을 해서 먹였다. 아울러 그들은 주춧돌과 섬돌도 운반했다. 그러고 나서 미암은 일꾼들을 시켜 집터를 다지도록 했다. 일꾼들은 땅을 다지고 통나무를 박기도 했는데, 미암이 술과 고기를 자주 먹이니 더욱 힘을 내서 일했다.

집터가 마련되고 11월 9일부터 목수가 비로소 주춧돌을 놓고 기둥을 세웠다. 또 그달 22일 오전엔 큰 눈이 내리는 가운데 목수가 돼지머리를 놓고서 상량식을 지냈다. 상량식이란 기둥 위에 보를 얹어 지붕틀을 꾸민 다음 마룻대(상량)를 놓을 때 올리는 고사로, 집의 골격이 완성되었다는 의미를 가졌다. 이날은 부인 송덕봉도 밖으로 나와 사랑채의 남쪽 두 칸이 세워진 것을 구경했으며, 음식을 아주 많이 준비해서 일꾼들을 대접했다.

다음 해인 1576년 1월 25일에 목수는 다시 대청의 기둥을 세우고 대들보를 올렸다. 미암은 송덕봉과 함께 나가서 보고 매우 좋아했다. 특히 집터를 누르고 있는 대들보를 보고는 솜씨가 아주 좋다며 몹시 기뻐했다.

이윽고 3월 15일 목수들이 일을 마치고 집으로 돌아가겠다고 하자, 미암은 그들에게 잔치를 베풀어 주고 품삯을 넉넉히 챙겨줬다. 네 명의 목수에게 무명베 8필을 나눠줬으며, 대목수에게는 상으로 1필을 더 주었다. 또 지난 1월 26일부터 와공(瓦工) 6인이 와서 기와를 구웠는데, 그들에게도 쌀 30말을 나눠줬다.

그로부터 한 달여 뒤인 4월 12일 미암은 다시 최막산이란 지붕 덮는 공인(工人)을 불러다가 지붕을 덮도록 했다. 최막산은 스무 명의 인부들을 데리고 지붕에 기와를 덮었는데, 혹은 흙을 파서 이기기도 하고, 혹은 기와와 흙을 지고 지붕 위로 올라가는 등 부지런히 일했다. 미암은 하루 종일 밖에 나가 그들의 작업을 감시했다. 최막산은 9일 만인 4월 21일에 대청의 지붕 덮는 일을 마쳤는데, 비록 술을 좋아하여 날짜가 좀 미뤄지긴 했지만 대체로 기와를 치밀하게 잘 덮어 볼만하다고 했다. 이로써 미암은 6개월여 만에 18칸의 사랑채 신축 공사를 대충 끝마쳤다.

집을 짓는 일뿐만 아니라 가족이 살 집을 마련하여 이사하고 집세를 내는 것도 남자의 몫이었다. 조선 시대 양반 남자는 수학이나 관직, 생계, 유배 등의 이유로 자주 이사를 다녔다. 특히 지방 양반이 과거에 급제하여 서울에서 관직 생활을 할 때는 남의 집을 빌려 살아야 하는 경우가 많았다.

미암도 서울에서 관직 생활을 하는 11년여 동안 소건천동(현 중구 인현동), 장통방(종로1가 부근), 명례방동(명동), 제생원동

조선 시대 건축 모습 《태평성시도》(太平城市圖, 부분), 필자 미상, 조선, 비단, 각113.6×49.1cm, 국립중앙박물관 소장. 조선 시대 후기에 제작된 작자 미상의 8폭 병풍으로 성시(城市)에서 생활하는 다양한 인물들이 묘사된 회화 작품. 18세기의 대청 관계 속에서 새롭게 유입된 중국의 문물상이 적극적으로 반영되었지만, 동시에 중국식의 풍습 및 생활양식과 명확히 차이를 보이는 조선식의 생활 방식, 건물 구조, 건축 방식 등이 그려져 있다.

(종로구 계동·가회동·원서동에 걸쳐 있던 마을) 등 네 곳의 집을 빌려 살았다. 그중 중부 장통방의 집을 빌려 이사하고 집수리를 하는 모습을 자세히 살펴보자.

1567년 10월 유배에서 풀려나 관직에 복귀한 미암은 소건천동 맹창선의 집을 빌려 살고 있었다. 그런데 이듬해인 1568년 3월에 부인 송덕봉이 딸을 데리고 서울로 올라오게 되어 그는 서둘러 큰집을 구하고자 한다. 다행히 중부 장통방에 있는 심봉원의 집을 빌릴 수 있다고 하기에 즉시 노비를 시켜 확인해 보니 큰집이라고 했다.

드디어 3월 29일 미암은 짐을 싸서 이사를 갔다. 이날 노비 치산을 시켜 먼저 짐을 꾸려 그 집으로 보내고, 다음 날 아침엔 말 두 마리를 빌려 쌀과 콩 등을 실어 보냈다. 미암도 곧 뒤따라 가 보니, 집이 넓고 모든 게 갖추어져 있었다. 남쪽으로 남산을 바라볼 수 있고 집 안팎도 넉넉하니 참으로 좋은 집이었다. 미암은 기쁨을 금할 수 없어 즉시 시 한 수를 지어 집주인 심봉원에게 보냈다.

늙은이가 서울에 올라와 무릎이 편치 않더니
좋은 집의 문을 열어 주어 감사하오이다.
한가롭게 지내고 또 무궁한 즐거움 있으니
북쪽 대궐 남쪽 산도 지척간이라.

좋은 집을 빌려주어 매우 감사한 마음이다. 특히 미암은 어릴 때 왼쪽 다리에 난 종기를 잘못 치료하여 다리를 저는 장애를 갖고 있었으므로, 궁궐 가까이에 집을 얻은 것이 더욱 좋았다. 얼마 안 있어 집주인 심봉원도 화답시를 지어 보냈다.

도를 지닌 몸과 마음이 간 곳마다 편하신데
거처한 집의 좋고 나쁨이 무슨 상관이리오.
누추한 집에 들어 사례하시니 부끄럽소
서로가 믿는 것은 마음속에 있을 뿐.

누추한 집을 빌려주었는데 과도하게 사례하니 도리어 부끄럽다는 말이다. 본래 심봉원은 왕의 외척으로 성격이 차분하고 겸손한 사람이었다.[16]

이후 미암은 매달 집세로 각종 찬물(반찬거리)을 심봉원 댁에 보내주곤 했다.

> 1568년 7월 17일. 포육 한 묶음과 말린 꿩을 심봉원 댁에 보냈다. 매달 반찬거리를 몇 번씩 보내니, 집을 빌려준 것에 대한 보답이다.[17]

> 1568년 8월 2일. 말린 꿩, 말린 대구 각 1개와 말린 큰새우 1두름을 심봉원 댁에 보냈다.[18]

집이란 본래 살다보면 이곳저곳 고쳐야 할 곳이 많은 법이다. 특히 주로 흙과 지푸라기, 나무로 지어진 한옥은 손볼 데가 더욱 많았다. 이러한 집수리 모습은 16세기 이문건의 유배 일기인 『묵재일기』에 잘 나타나 있다.

> 1552년 11월 17일. 아랫집에 내려가 동쪽 아궁이에 솥을 걸었으며, 흙집을 고쳐서 만들었다.[19]

> 1558년 1월 16일. 어제 아랫집 남쪽 방의 구들돌이 무너진 곳을 고쳤다.[20]

이문건이 노비를 시켜 흙집과 솥, 구들 등 갖가지 집수리를 하고 있다. 주거와 관련한 살림은 주로 남자가 담당했는데, 새집을 건축하고, 남의 집을 세내어 이사하고, 갖가지 집수리를 하는 일이 미암과 이문건의 일기에 자세히 기록되어 전한다.

4장
요리하는 남자

최고의 효도, 음식 공양

세대가 바뀌고 그에 따라 가치관도 많이 바뀌었다고는 하지만, 여전히 많은 남자가 부엌일은 여자의 몫이라고 여기고, 집안에서 음식을 차리고 살림을 하는 주체는 여자라고 생각한다. 또 이러한 생각은 남존여비로 함축되는 조선 시대의 문화로부터 비롯되었다고 생각한다.

하지만 남겨진 사료들이 사실은 그렇지 않음을 증명한다. 조선 시대 남자는 바깥일을 해서 양식과 반찬거리, 땔감 등 식재료를 마련할 뿐만 아니라, 직접 요리하고 나아가 요리책을 집필하기도 했다. 물론 이것이 모든 남자를 대변하는 현상은 아니지만, 최소한 우리 생각보다는 훨씬 자유롭고 능숙하게 남자가 요리에 참여했다.

조선 시대 남자가 요리에 참여할 수 있었던 배경으로는 당시의 독특한 효(孝) 문화를 들 수 있다. 조선 시대에는 충보다는 효를 중시했다. 특히 아들이 부엌에 들어가 요리해서 부모를 봉양하

영조 때 사옹원의 모습 〈사옹원 선온사마도〉(부분), 1770년, 비단에 채색, 140×88.2cm, 국립중앙도서관 소장. 왕이 된 영조는 이날 사옹원을 방문해 자신이 직접 쓴 글과 음식을 내리고, 이어서 관료 다섯 명에게 각각 말 한 필씩을 내려 주었다.

는 걸 커다란 효도로 여겼다.

조선의 21대 왕인 영조(英祖, 1694~1776)는 왕위에 오르기 전 연잉군(延礽君) 시절에 궁중의 음식을 담당한 관청인 사옹원(司饔院)의 도제거(都提擧)로 있으면서 몸이 아픈 부왕 숙종(肅宗, 1661~1720)을 위해 음식을 받들고 탕약을 올리곤 했다. 궁중 기록화인 〈사옹원 선온사마도〉(司饔院宣醞賜馬圖)에 의하면, 영조는 16세인 1710년부터 7년간 사옹원에서 숙직하며 숙종의 병간호를 했다고 한다.[1] 이러한 사실은 숙종의 어의(御醫)인 이시필(李時

弼, 1657~1724)의 『소문사설』(謏聞事說)에서도 확인할 수 있다.[2]

실학자 서유구는 1807년 경기도 연천의 금화에 은거할 때 농사를 지으면서 이머니께 아침저녁 진지를 올렸다. 그때마다 어머니는 웃으면서 이렇게 말씀하셨다고 한다.

"이 가득 차린 음식이 모두 자네의 열 손가락에서 나왔구먼."[3]

서유구의 어머니 한산이씨는 고려 말에 성리학의 기초를 닦은 목은 이색의 후손으로, 집안 살림을 규모 있게 잘했고 요리 솜씨도 뛰어난 인물이었다. 그런 어머니에게 배운 솜씨이니, 서유구도 음식 솜씨가 뛰어나지 않았을까 짐작해 본다.

서유구는 조부인 서명응(徐命膺, 1716~1787)의 영향을 많이 받았는데, 서명응도 직접 부엌에 들어가 요리를 해서 어머니를 극진히 봉양했다.[4]

전문적인 남자 요리사

드라마의 영향으로 많은 이들이 조선 시대 궁중 요리사는 궁녀였을 거라 오해하지만, 실제로는 일상식·연회식 할 것 없이 사옹원 소속의 '숙수'(熟手)라는 남자 요리사가 전체를 담당했다.

『경국대전』(經國大典)에 의하면 사옹원은 궁중에 소용되는 음식을 주관하는 부서로, 관리로는 도제조 1명, 제조 4명, 부제조 5명이 있었다.[5] 또 잡직으로는 재부(宰夫) 1명, 선부(膳夫) 1명, 조부(調夫) 2명, 임부(飪夫) 2명, 팽부(烹夫) 7명이 있었는데,[6] 이들 조리사를 일컬어 '숙수'라고 불렀다. 그들 밑으로는 반감, 별사옹, 탕

수색, 상배색, 적색, 반공, 포장, 주색, 다색, 병공, 증색, 등촉색, 성상, 수복, 수공, 별감 등 390여 명의 차비(하인)들이 있어 두 개의 번으로 나뉘어 번갈아 입궁하여 근무했다.[7] 이들은 대전, 왕비전, 세자궁 등의 부엌인 수라간에 적절히 배치되어 궁중 음식을 만들었다.[8]

궁중뿐만 아니라 각 관아의 음식 담당자도 주로 남자가 맡았다. 당시 관아에는 주방인 반빗간이 있었다. 그곳에는 쌀과 식품을 관리하는 주리(廚吏)를 비롯해서 채소를 공급하는 원두한, 요리를 하는 칼자(刀子) 등이 머물며 음식을 담당했다. 특히 요리를 하는 칼자들은 관아에 소속된 관노비였고, 주로 남자로 구성되었다.[9]

궁중의 숙수 및 각 관아의 칼자를 비롯한 조선 시대 전문 요리사의 존재를 구체적으로 확인할 수 있는 문헌이 바로 1720년경에 편찬된 이시필의 『소문사설』이다. 이 책은 일상생활에 필요한 여러 가지 것들을 찾거나 듣고서 정리한 것인데, 온돌을 설치하는 법인 '전항식'(甎沆式), 각종 기계와 기구 제작법인 '이기용편'(利器用篇), 음식 조리법인 '식치방'(食治方), 다양한 지식 정보인 '제법'(諸法) 등으로 구성되어 있다. 그중 '식치방'에는 찜, 탕, 떡, 만두, 죽, 식혜, 장, 장아찌 등 28가지의 음식과 조리법이 들어 있다. 주로 숙종의 어의 시절 임금의 건강을 위해 찾아낸 보양 음식들로 이루어져 있다. 그것들은 자신이 직접 만들었거나 사옹원 숙수, 중앙과 지방 관아의 관노비, 심지어 중국에 가서 배워 오거나 일본 음식을 전해 들은 것도 있었다.[10]

눈에 띄는 점은 이들 음식의 대부분이 박이돌, 강천익, 지엇남, 차순, 권타석 등 남자 요리사가 만들었다는 것이다. 대표적으로 사옹원의 숙수 박이돌, 영평 관아의 관노비 강천익이 만든 음식들을 차례대로 살펴보자.

〈토란떡〉

낙점을 받아 임금께 올렸다. 숙수 박이돌이 만든 것이다.

갓 캐내어 부드러운 토란(시장에서 껍질을 벗긴 것은 익지 않았으니 밭에서 캐내어 흙이 묻은 것이 좋다)을 재빨리 씻어 내어 푹 익을 때까지 삶는데, 도중 뚜껑을 열어서는 안 된다. 익은 뒤에 여러 번 손질하여 껍질을 벗기고 바로 꿀에 넣어 대꼬챙이로 이리저리 찔러 꿀이 스며들게 한다. 그런 다음 익힌 밤가루와 잣가루를 입혀 따뜻할 때 먹는다.[11]

〈더덕떡〉

영평의 관노비 강천익이 만들었다.

더덕을 물로 깨끗이 씻어 껍질을 벗겨 삶아 낸다. 식탁에 놓고 으깨어 면을 세탁하는 것처럼 손을 문질러 크게 만든다. 찹쌀가루를 살짝 뿌리고 참기름에 튀겨 내어 버들고리 위에 놓고 잠깐 햇볕을 쪼인다. 꿀에 담그면 담백하고 부드럽다.[12]

이시필은 이렇게 음식명과 함께 그것을 만든 사람, 요리법, 먹는 법, 맛 등을 자세히 적어 두었다. 이 기록을 통해 조선 시대에 궁궐, 중앙과 지방 관아, 민간에 전문적인 남자 요리사가 많이 활동했음을 알 수 있다.

실학자 연암 박지원도 요리를 잘했다.

연암은 평생 동안 벼슬하지 않다가 뒤늦게 50세가 되어서야 음직으로 종9품의 말단 관직인 선공감 감역이 되었다. 가난한 살림살이에 고생하는 부인의 처지를 더 이상 외면할 수 없었기 때문인데, 그가 벼슬길에 나간 지 반년도 안 되어 부인은 세상을 떠나고 말았다. 이후 그는 재혼하지 않았고, 홀로 자식 뒷바라지를 했다. 특히 어미의 빈자리를 메워 주기 위해서인지, 연암은 멀리 타지에서 벼슬살이를 하면서도 한양의 자식들에게 자주 편지를 보내 살뜰하게 챙기고 각별한 정을 보였다. 심지어 연암은 직접 반찬거리를 만들어 자식들에게 보내 주곤 했다.

> 고추장 작은 단지 하나 보낸다. 사랑방에 두고서 밥 먹을 때마다 먹으면 좋을 게다. 내가 손수 담근 건데, 아직 푹 익지는 않았다.
>
> > 보내는 물건: 포(脯) 3첩, 곶감 2첩, 장볶이(볶은 고추장) 1상자, 고추장 1단지[13]

> 전후에 보낸 쇠고기 장볶이는 잘 받아서 아침저녁 반찬으로 먹고 있니? 왜 한 번도 좋은지 나쁜지 말이 없니? 무심하다, 무심해. 나는 그게 포첩(말린 고기)이나 장조림 같은 반찬보다 나은 듯하더라. 고추장 또한 내가 손수 담근 것인데, 맛이 좋은지 어떤지 자세히 말해 주면 앞으로도 계속 두 가지를 인편에 보내든지 말든지 하겠다.[14]

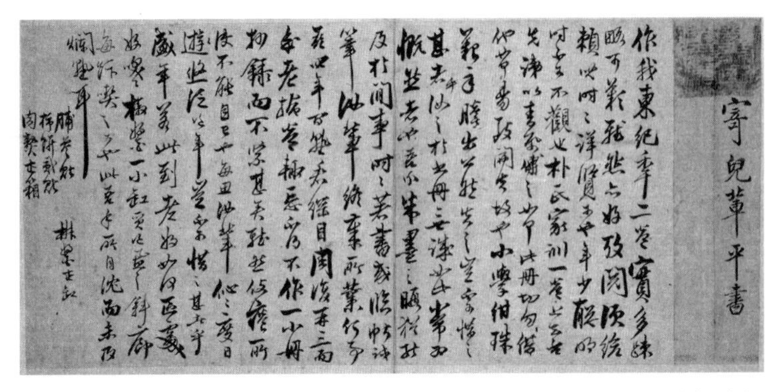

寄兒輩平書

연암이 두 아들에게 보낸 편지 《연암선생서간첩》 〈기아배평서〉(寄兒輩平書), 서울대학교 규장각한국학연구원 소장

1796년 안의(安義) 현감 시절에 연암이 자식들에게 보낸 편지의 일부분이다. 첫 번째 편지는 두 아들 박종의(朴宗儀), 박종채(朴宗采)에게 보낸 것인데, 자신이 직접 담근 고추장을 비롯한 포, 곶감, 장볶이 등의 음식을 보내며 밥 먹을 때마다 밑반찬으로 먹으라고 권하고 있다.

두 번째 편지는 큰아들 박종의에게 보낸 것인데, 이전에 밑반찬으로 보낸 쇠고기 장볶이의 맛이 어떤지 물으면서, 아울러 이번에 보내는 고추장의 맛도 좀 평가해 달라고 한다. 어미 잃은 자식들에 대한 연민과 사랑이 듬뿍 묻어난다. 초상화 속 건장한 체구에 부리부리한 눈매의 연암과는 퍽 다른 면모이다.

고추장이나 쇠고기 장볶이, 포 등은 쉽게 만들 수 있는 음식이 아니지만 연암은 손수 그것들을 장만해서 자식들에게 보냈다. 적어도 이 시대에는 요리에 있어서 남녀의 역할 구분이 분명하지 않았을 것이라 생각된다.

장 담그기와 술 빚기

조선 시대 남자는 일상적인 음식 외에도 장이나 식혜, 술 같은 꽤 수준 높은 솜씨가 발휘되어야 하는 저장 음식을 만들기도 했다. 『쇄미록』의 저자 오희문은 직접 된장이나 식혜를 담곤 했다.

> 1595년 2월 2일. 여종 강비의 남편 한복이 그물을 가지고 연못에 가서 고기를 잡아 붕어 17마리를 얻었기에 저녁밥 지을 쌀을 주고 바꾸었다. 다음 날에 다시 잡으면 식혜를 담갔다가 한식 제사에 쓰련다.[15]

> 1597년 5월 9일. 장(醬)은 세 독을 담갔다. 한 독에는 콩 2말을 삶아서 먼저 담갔는데, 말장(메주) 12말에 소금 4말을 물에 타서 담갔다. 또 한 독에는 비지 한 항아리 반을 먼저 넣은 후에 말장 13말과 소금 4말을 물에 타서 담갔다. 또 한 항아리에는 말장 6말과 소금 2말을 물에 타서 담갔다. 또 남은 말장이 10여 말 있는데 독도 없고 소금도 부족해서 담그지 못했으니, 소금과 독을 얻은 후에 다 담글 작정이다.[16]

첫 번째 예문에선 여종의 남편, 즉 비부(婢夫)에게서 붕어를 사 와 반찬으로 먹거나 식혜를 담아 제사 때 쓰려 하고 있다. 오희문의 음식 솜씨가 보통은 넘는 듯하다.

두 번째 예문에서 오희문은 오늘날의 메주인 말장을 소금물에

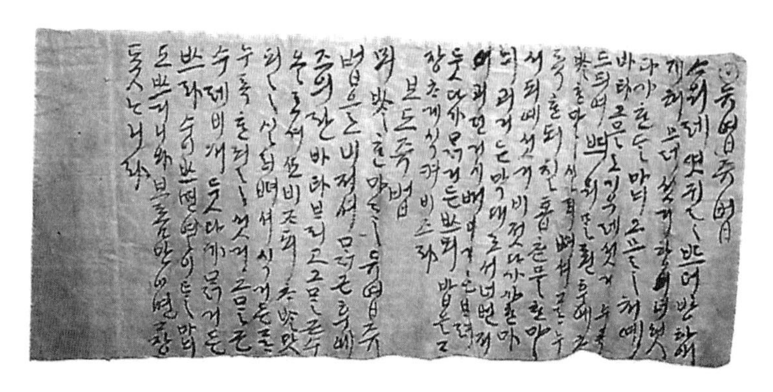

곽주가 쓴 죽엽주와 포도주 만드는 법 《현풍곽씨언간》, 15.4×41.3cm, 국립대구박물관 소장

타서 장을 담그고 있다. 그는 장 담그는 법에 아주 익숙한 듯 메주와 소금의 비율을 맞추는 손길에 거침이 없다.

조선 시대에 장이나 식혜 같은 음식과 함께 자주 만든 음식이 술이었다. 술은 제사를 모시거나 손님 접대, 건강 유지 등에 많이 쓰였다. 시골 양반 곽주는 자신만의 죽엽주와 포도주 만드는 법을 별도의 종이에 적어 두기도 했다.

〈죽엽주 만드는 법〉

4월에 여뀌를 뜯어 방아를 찧어 물에 섞어 항아리에 넣었다가, 한 달 만에 그 물을 체에 받아 내어 기울을 섞어 누룩을 디뎌 띄워 말린 후에, 찹쌀 1말을 시루에 쪄서 가루 누룩 1되 7홉, 찬물 1말 3되에 섞어 빚었다가, 사흘 만에 술이 괴거든 막대로 서너 번 저어 괴던 것이 꺼지거든 놓아두었다가 맑아지거든 쓰되, 밥을 아주 차게 식혀서 빚으라.

〈포도주 만드는 법〉

멥쌀 1말을 죽엽주 만드는 방법으로 빚어서, 맑아진 후에 찌꺼기는 받아 내어 버리고, 그 맑은 술로써 또 빚되 찹쌀 5되를 시루에 쪄서 식거든 가루 누룩 1되를 섞어 그 맑은 술에 빚어 두었다가 맑아지거든 쓰라. 빨리 쓰면 열이틀 만에도 쓰거니와 보름 만이면 아주 좋으니라.[17]

곽주는 이렇게 자신만의 죽엽주와 포도주 만드는 방법을 쪽지에 한글로 자세히 적어 두었다. 술 빚는 과정뿐만 아니라 재료의 분량, 먹는 시기까지 자세히 적어 두었는데, 아마 후손들에게 대대로 물려주고자 했던 듯하다.

술 빚기에 관해 가장 적극적인 관심과 조예를 갖고 있었던 사람은 역시 조선 중기 인물 김유(金綏, 1481~1552)가 아닐까 한다. 김유는 16세기 초 안동 지역에서 살았던 유학자로, 1525년 생원시에 합격했으나 벼슬하지 않고 부모를 봉양했다. 성품이 호협하고 무예에 뛰어났으며 손님들을 잘 대접했다. 집 가까이에 '탁청정'(濯淸亭)이란 정자를 지어 놓고 안동을 지나는 선비들을 맞아들여 정중히 대접했다고 한다.

김유는 1540년경 『수운잡방』(需雲雜方)이라는 요리책을 썼는데, '수운'은 '격조 있는 음식'이란 뜻이고, '잡방'은 '여러 가지 방법'을 말한다. 곧 '격조 있는 음식을 만드는 여러 가지 방법'을 일컫는다. 상·하 두 편에, 전체 122항의 요리법 중 술 만드는 방법이 60항으로 절반가량을 차지한다.[18] 김유는 손님 접대를 위한 술 만든 방법을 가장 중시했다. 예컨대 당시 가장 대중적인 명성을 누렸던 '소곡주'(小麯酒)를 만드는 방법에 대해 살펴보자.

> 멥쌀 3말을 깨끗이 씻어 곱게 가루를 내고, 끓는 물 3말로 죽을 만들어 차게 식힌다. 이것을 누룩 5되, 밀가루 5되와 섞어 독에 넣는다.
> 술이 익으면 멥쌀 6말을 깨끗이 씻어 곱게 가루를 내어 쪄서 익힌 후 끓는 물 6말로 죽을 만들어 차게 식힌 다음, 먼저 빚은 술에 섞어 독에 넣는다.
> 술이 익으면 멥쌀 6말을 깨끗이 씻어 완전히 찌고, 끓는 물 6말에 지에밥을 섞어 차게 식힌 다음, 먼저 빚은 술에 섞어 독에 넣는다.
> 술이 익으면 쓴다.[19]

소곡주란 이름 그대로 누룩을 적게 사용하여 빚은 술을 말한다. 직접 담가 보지 않으면 쓸 수 없을 정도로 자세하다.

남자가 쓴 요리책

조선 시대 남자 중에는 음식에 관심을 갖고 본격적으로 연구하여 요리책을 집필한 인물들이 있었다.

1460년에 세조의 어의 전순의(全循義)가 음식으로 질병을 치료하기 위해 편찬한 우리나라 최초의 식이요법서인 『식료찬요』(食療纂要)가 있고, 1540년경에 안동에 살았던 유학자 김유가 쓴 『수

何必餐霞服大藥
妄意延年等龜鶴
但於飮食嗜慾中
去其甚者将安樂

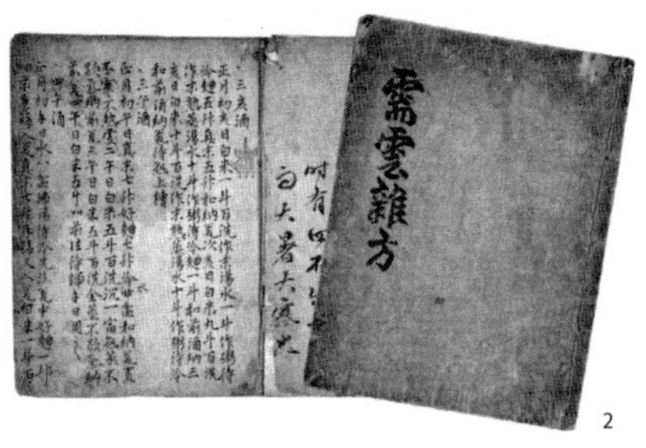

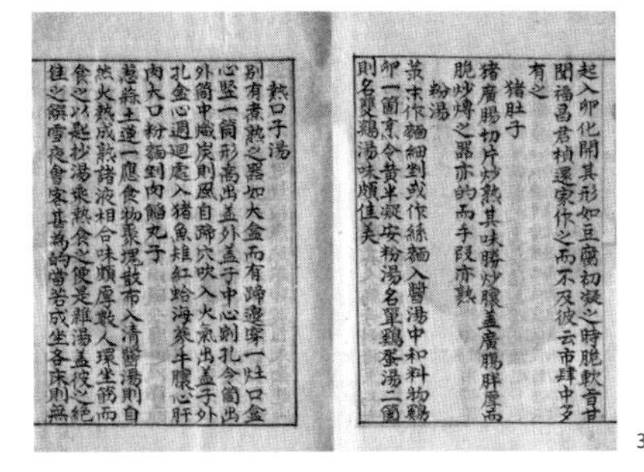

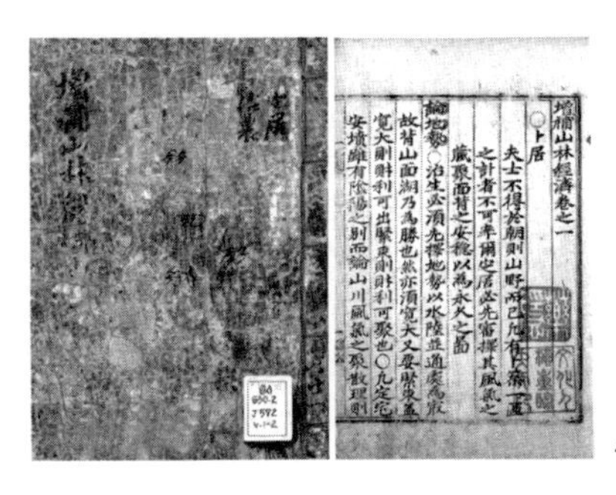

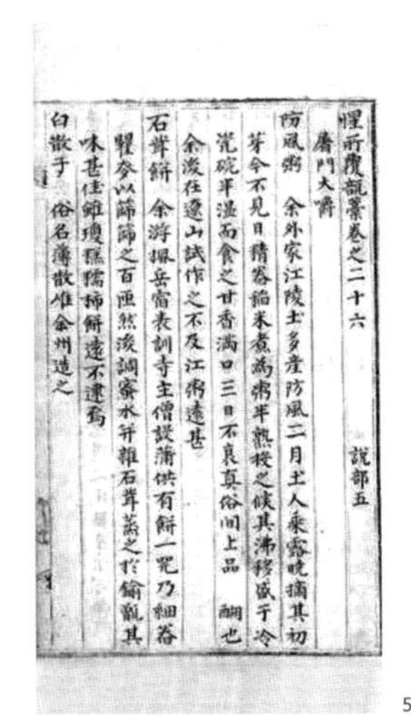
惺所覆瓿藁卷之二十六　　說部五

屠門大嚼

防風粥　余外家江陵土多產防風二月土人乘露曉摘其初芽今不見日精舂稻米煮為粥半熟投之候其沸移盛于冷瓷碗半溫而食之甘香滿口三日不衰真俗間上品　餬也
余後在遂山試作之不及江粥遠甚

石茸餅　余游楓岳宿表訓寺主僧設蒲供有餅一器乃細舂粳米以篩篩之百匝然後調蜜水并雜石茸蒸之於鍮甑其味甚佳雖瓊糕糯柹餅遠不逮焉

白散子　俗名薄散唯金州造之

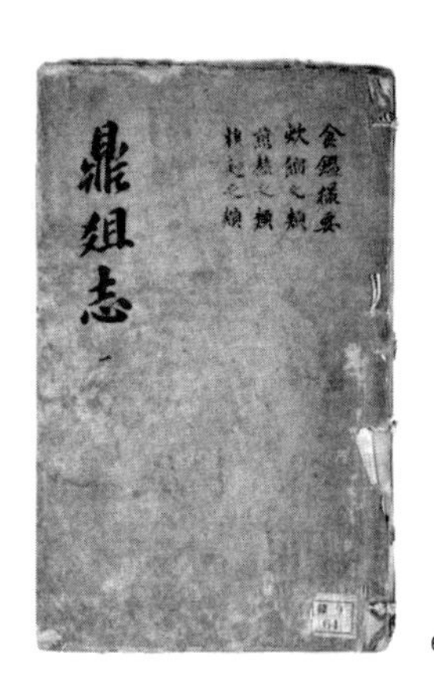

1. 『식료찬요』
2. 『수운잡방』
3. 『소문사설』
4. 『증보산림경제』
5. 『도문대작』
6. 『임원경제지』「정조지」

운잡방』이 있었다. 또 1611년에는 『도문대작』(屠門大嚼)이라는 책이 편찬되는데, 이 책은 『홍길동전』의 저자로 유명한 허균이 쓴 음식 품평 책으로, 그의 문집 『성소부부고』에 실려 있다. 유배를 간 허균이 유배지에서 거친 음식만을 먹게 되자, 이전에 먹었던 맛있는 음식을 생각나는 대로 서술한 것인데, '도문'은 소나 돼지를 잡는 푸줏간의 문이고, '대작'은 크게 씹는다는 뜻이다. 즉, 이 제목은 현재 먹을 수 없는 고기를 생각하며 "푸줏간 문을 향해 입맛을 (쩍쩍) 다신다"라는 허균다운 유머러스한 제목이다.

조선 후기에는 숙종의 어의 이시필이 쓴 『소문사설』(1720년대), 유중림의 백과전서식 농서 『증보산림경제』(1766년경), 유만주의 김치백과서인 『저경』(菹經, 18세기, 실전), 서유구의 『임원경제지』「정조지」(鼎俎志, 19세기) 등이 편찬되었다.

서유구는 1807년 경기도 연천 금화에 은거하면서 어머니를 위해 직접 부엌에 들어가 음식을 만들었고, 그러한 경험을 토대로 『옹치잡지』(饔饎雜志, 실전)라는 요리책을 썼다. 그는 농사가 곡물이나 채소 등을 생산하는 것이라면, 음식은 농사의 최종 목적지이자 결실로 보았다. 그래서 당시 음식들을 망라하여 치밀하게 요리책을 만들었다.

『옹치잡지』는 이후 『임원경제지』「정조지」에도 많은 부분이 인용되었다. 정조(鼎俎)란 솥과 도마를 의미한다. 「정조지」는 음식의 재료, 조리법, 효능 및 금기 등에 따라 11개로 분류해 설명했다. '식감촬요'(食鑑撮要)에서는 식재료를 물, 곡류, 육류, 어류 등으로 나누어 본초학적 특성을 밝혀 요리에 참고하도록 했다. '취류지류'(炊餾之類)에서는 밥과 떡에 대해 다루었고, '전오지류'(煎熬

〈야연〉(野宴) 풍속화, 성협, 19세기 조선, 종이, 33.2×33.4cm, 국립중앙박물관 소장. 야외에서 쇠 화로에 전립투를 올리고 고기를 구워 먹는 모습. 그림 상단 제발(題跋)에 '도문대작'이라는 말이 있어 그림 제목을 '도문대작'이라 부르기도 한다.

之類)에서는 죽과 조청과 엿에 대하여, '구면지류'(糗麵之類)에서는 미숫가루와 국수·만두에 대해 다루었다. '음청지류'(飮淸之類)에서는 탕·장·차·청량음료·달인 음료 등에 대하여, '과정지류'(菓飣之類)에서는 꿀과자·설탕과자·말린 과일·과일구이·약과·정과 등에 대해 다루었다. '교여지류'(咬茹之類)에서는 김치와 같은 각종 저장성 높은 채소 요리 및 기타 다양한 채소 요리를 다루었다. '할팽지류'(割烹之類)에서는 육류·조류·어류를 이용한 국·구이·

회·포 등에 대해 다루었고, '미료지류'(味料之類)에서는 소금·장·초·기름 등의 조미료에 대해 다루었다. '온배지류'(醞醅之類)에서는 누룩과 술 빚기, 소주 내리기, 음주법 등 술과 관련된 다양한 내용에 대하여, '절식지류'(節食之類)에서는 절기별 중요 세시 음식에 대해 다루었다.[20]

> 놋쇠로 만든 작은 동이만 한 크기의 그릇을 사용한다. 그릇의 중앙 부분이 위로 돌출되어 있고, 그 아래에는 숯불을 피울 수 있도록 되어 있다. 그릇 안에 물을 7~8대접을 담을 수 있다.
> 재료를 신선로 틀 크기에 맞게 썰어 배치하여 넣고 물과 장을 부어 뚜껑을 덮은 후 숯불을 피워 물이 끓어 재료가 고루 익으면 화자시(畵磁匙: 그림이 있는 도자기 숟가락)로 먹는다.
> 그 재료는 소 가슴 아래 살, 소 내장, 소 천엽을 삶아서 틀에 맞게 편으로 썬다. 돼지고기, 돼지 내장, 닭고기, 꿩고기도 삶아서 틀에 맞게 편으로 썬다. 붕어와 숭어는 흰 살만을 얇게 떠서 달걀옷을 입혀 참기름에 지진 후 틀에 맞게 편으로 썬다. 마른 전복과 해삼도 익혀서 편으로 썬다. 파, 부추, 미나리, 배추, 순무, 무, 참외 등을 익혀서 틀에 맞게 썬다. 생강은 썰고, 고추는 채 썰고, 천초와 후추는 껍질을 벗기고, 잣은 고깔을 떼고, 대추와 달걀지단은 편으로 썬다. 색을 맞추어 순서대로 돌려가며 배열한다. 먼저 찬물에 청장으로 간을 맞춰 고기와 참기름을 넣고 끓

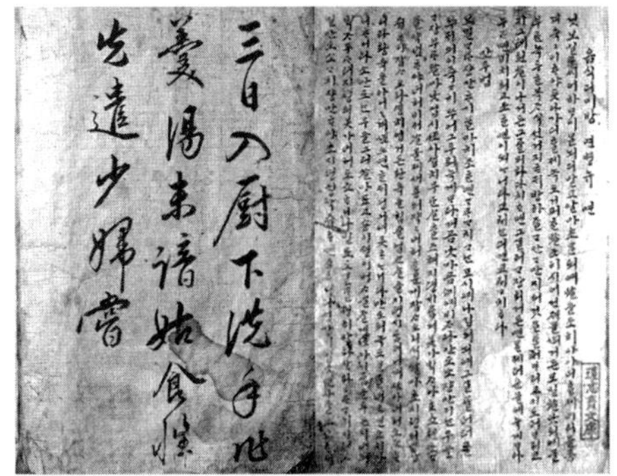
『음식디미방』(경북대학교 도서관 소장)

『규합총서』(東京大学 小倉文庫 소장)

여 고기를 건져내고 육수만 신선로 틀 안에 붓는다.

—『옹치잡지』[21]

「정조지」의 '열구자탕'에 대한 설명인데, 이 음식은 신선로라는 전용 솥에 각종 재료를 넣고 끓여먹는 요리다. 전용 솥인 신선로의 모습과 요리법, 각종 재료의 준비와 배열 방법을 자세히 적었다. 서유구의 음식에 대한 관심과 조예가 잘 드러난다.

조선 시대 남자가 쓴 요리책에 비해 현존하는 여자의 요리책은

1670년경에 편찬된 장계향의 『음식디미방』과 1809년에 편찬된 빙허각 이씨의 『규합총서』(閨閤叢書) 2종에 불과하다. 본래 요리책은 식재료의 조달과 관리, 음식의 숙성과 조리법, 맛 등을 알아야만 쓸 수 있다는 점을 감안한다면, 조선 시대 남자의 요리에 대한 이해와 관심의 깊이를 알 수 있다.[22]

이와 같이 조선 시대에는 자식이 음식을 해서 부모를 봉양하는 것을 최고의 효도로 여겼기 때문에, 남자가 부엌에 들어가 요리하는 것이 이상한 일이 아니었다. 또한 궁궐이나 각 관아 및 민간에 '숙수' 등 직업적인 전문 요리사가 의외로 많이 활약하고 있었고, 심지어 양반들 사이에서도 각종 반찬이나 된장, 식혜, 술 등 음식 솜씨가 뛰어난 이들이 적지 않았다. 더 나아가 음식에 대해 본격적으로 연구하여 요리책을 집필하기도 했다.

조선 시대에는 남자가 음식을 만드는 것이 자연스러운 일상이었고, 남녀의 역할을 가르는 부엌이라는 장소적인 경계선도 애당초 없었다는 것을 여러 사료들이 증명한다.

5장
재산 증식

재산 증식에 대한 관심

부(富)의 추구는 인간의 근원적인 욕망이다. 과거와 현재를 막론하고 대부분의 사람이 더 많은 부를 축적하려 하고, 부유함이 신분이 되기도 한다. 다만 시대에 따라 부의 축적에 대한 인식의 차이는 있었다.

조선 중기까지만 해도 부의 축적에 대해 긍정적인 인식을 갖고 있었고 드러내 놓고 재산 증식을 추구했다. 하지만 조선 후기에 이르러 성리학이 교조화되고 문벌 의식이 강화되면서, 선비는 학문과 정신 수양에만 힘쓸 뿐 재물을 멀리해야 한다는 인식이 팽배해졌다. 이 때문에 조선 후기의 재산 증식에 관한 기록은 찾아보기 힘들다. 그러므로 재산 증식에 관한 기록은 조선 중기의 것을 중심으로 살펴본다.

> 1575년 11월 16일. 저녁에 등불 밑에서 부인과 함께 가계

> (家計)를 상의했다. 부인이 담양에 있는 전답을 차근차근 헤아리기에 내가 부인의 공책에다 적어 보니, 논이 7섬 9마지기요 콩밭이 1섬 18마지기였다.[1]

16세기 인물 미암 유희춘이 부인 송덕봉과 함께 재산을 관리하는 모습이다. 미암이 1575년 11월 16일 겨울밤에 부인과 함께 집안의 전답을 계산하고 있다. 이 글에서는 담양에 있는 처가의 재산을 계산해 보고 있는데, 전답이 그리 많은 편은 아닌 듯하다. 이에 비해 해남에 있는 미암의 재산은 훨씬 많았다. 벼가 83섬, 보리가 23섬, 목화밭이 300근 정도 나오는 전답을 소유하고 있었다. 하지만 미암은 처가살이와 관직 생활, 유배살이 등으로 외지에서 주로 살았기 때문에 해남의 전답은 누이나 사위에게 맡기고 노비 석정에게 관리하도록 했다.

조선 중기에는 후기와 달리 남자도 재산 증식에 신경을 써야 한다고 생각했다. 예컨대 퇴계 이황은 1554년 1월 큰아들 이준에게 보낸 편지에서 "특히 재산을 경영하는 것과 같은 일도 정말 사람이 아니할 수 없는 것이니, 내가 비록 평생 이런 일에 소원하고 졸렬하지만 또한 어찌 완전히 하지 않기야 했겠느냐?"라고 했다.

그래서인지, 퇴계는 말년에 300여 명에 달하는 노비와 3천여 두락의 전답을 소유했다고 한다.[2] 퇴계는 초반에는 다소 곤궁했지만, 두 아내의 처가로부터 재산을 나누어 받고 자신이 벼슬살이 하며 받은 녹봉, 아들 이준의 규모 있는 농사 관리와 치산(治産) 덕분에 중년 이후부터는 이처럼 어마어마한 재산을 소유하게 되었다.[3] 이 정도면 조선 시대 사상가들 가운데 최고의 재산가라고 해도 과언이 아닐 것이다.

물론 퇴계가 재산 증식에 관심을 가졌다고 해도 무분별하게 재산을 모으려고 하지는 않았다. 이는 둘째 아들 이채의 재산 상속을 둘러싼 외종조부 댁과의 재산 분쟁에서 단적으로 확인할 수 있다.

원래 이채는 생모를 잃고 의령에 있는 외종조부 댁의 양자로 들어갔다. 이후 단성에 있는 유씨 댁에 장가를 들었으나 안타깝게도 22세 때 자식도 없이 일찍 죽고 말았다. 그래서 이채의 재산을 둘러싸고 외종조부 댁과 퇴계 집안 사이에 재산 갈등이 있어났는데, 퇴계는 큰아들 이준에게 편지를 보내 그 문제를 원만히 해결하고 절대 욕심을 내지 말라고 강조했다.

> 의령의 일은 본래 좋지 않다. 또 지금 만약 잘 처리하지 못한다면, 비단 너만 의롭지 못한 데에 빠질 뿐만 아니라 나 역시도 부끄러워진다. 모름지기 일의 형세를 잘 살펴서 뜻에 맞고 이치에 따라 말을 공손히 하고 표정을 부드럽게 하여 대처할 것이며 간절한 마음으로 요청해 보아라. 이렇게 해도 듣지 않고 꼭 그것을 빼앗으려고 한다면 어찌할 수 있겠느냐? 그들이 하는 대로 맡겨 두고서 분한 마음도 품지 말고 패악한 말도 하지 말며, 그러한 것들을 풀이나 지푸라기처럼 버려라. 아무쪼록 자제하는 도리를 잃지 않는 것이 좋을 게다.[4]

> 모름지기 의령에 이르러서는 일을 처리하는 데 더욱 나의 뜻을 어기지 말아야 한다. 반드시 그 땅문서를 여러 사람

> 들 앞에서 불태워 없애 버리고 초연하게 처리하며, 연연해서 집착하거나 인색하여 아끼는 뜻을 나타내지 말아야 한다. 만약 그렇게 하지 않는다면 한갓 이익이 없을 뿐만 아니라, 다른 사람들이 경시하고 천박하게 여겨 도리어 비웃음을 사게 될 것이다.[5]

퇴계는 첫 번째 편지에서 그들이 하는 대로 맡겨 두고 절대로 분한 마음이나 패악한 말을 하지 말라고 지시하고, 두 번째 편지에서도 땅문서를 불태워 없애 버리고 절대로 욕심내지 말고 초연하게 처리하도록 당부한다.

하지만 이 문제는 쉽게 해결되지 않았다. 이준은 동생이 상속받은 재산을 쉽게 돌려주려 하지 않았고, 외종조부 댁에서도 이채가 이미 사망했으므로 그 재산을 기어코 돌려받으려 했던 듯하다. 한번은 외종조부 댁 사람들이 어떤 일을 저질러 사간원에 의해 고발까지 당할 뻔했는데, 도중에 퇴계가 죽은 아들 이채의 재산을 수탈했다는 문서가 발견되었다. 퇴계는 몹시 당황하며 분통을 터뜨렸다.

> 우리가 논밭과 노비를 수탈한 것으로 문서가 작성되다니, 대단히 무례하구나. 나는 전혀 몰랐다가 최근에 박사신을 통해서 비로소 들었다. 이 일은 나에게 더욱 깊이 뼈를 깎는 아픔으로 여겨진다.[6]

퇴계가 아들 이준에게 이번 일은 초연하게 처리하지 않으면 남들의 비웃음을 사게 될 것이라고 강조했건만, 결국 우려는 현실이 되고 말았다. 퇴계는 이후 이채의 재산을 외종조부 댁에 돌려주고 그들과 소원하게 지냈던 듯하다. 그 뒤로 또다시 외종조부 댁 사람들이 문제를 일으켜 어려움에 처하는데, 퇴계가 도와주지 않는다고 몹시 원망하며 '남과 같다'고 불만을 터뜨린다. 퇴계는 이채의 무덤까지도 자기 집 쪽으로 옮기고자 한다.[7]

퇴계는 재산 증식에 관심을 갖고 있었지만, 그렇다고 결코 욕심을 부리거나 남들과 갈등하려 하지 않았다. 성리학의 종주답게 재산보다는 선비의 기품을 더욱 중시했다.

토지, 조선 시대의 재산 증식법

농업국가 조선에서 가장 큰 재산은 토지와 노비였다. 농지 확대는 수익과 직결되는 매우 중요한 일이었으며, 당시 사람들은 어떻게든 많은 논밭을 사들이거나 농사짓기에 편리한 집 근처 혹은 수확량이 많은 땅과 교환하려고 애썼다. 미암은 유배에서 풀려나 다시 관직에 오른 뒤로 상당히 많은 농지를 사들였다.

> 1568년 1월 7일. 쌀 4섬 5되와 베 10필, 콩 2섬으로 이형의 밭을 샀다. 북쪽 울타리의 북편에 있는 밭이다.[8]

> 1570년 12월 26일. 노비가 강진 이충순의 집에서 돌아왔는데, 얼마 전 김덕제의 논을 산 값을 치르기 위해 무명베

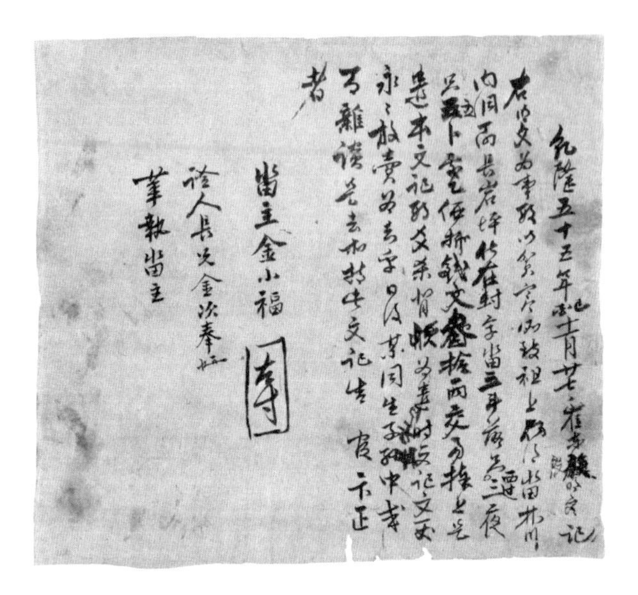
乾隆五十五年

畓主 金小福

證人 長兄 金次奉

筆執 畓主

명문(明文: 토지거래문서) 조선, 38.7×43cm, 국립민속박물관 소장. 1790년(건륭 55년) 11월 27일에 김소복(金小福)이 최동은(崔東殷)에게 논을 팔고 작성한 문서. 증인은 장형(長兄) 김차봉(金次奉)

8필을 받아가지고 왔다.[9]

미암은 쌀, 콩, 베 등의 현물로 인근 논밭을 사들였다. 물론 그 현물들은 상당 부분 인근 관아에서 도와준 것이었다. 미암의 부인 송덕봉도 적지 않은 전답을 사들였는데, 특히 그녀는 말년인 1575년 창평으로 이사한 뒤 집중적으로 땅을 사들였다.

1575년 12월 2일. 부인이 용산의 누이에게 목화밭을 샀다.[10]

1575년 12월 25일. 부인이 쌀 12섬으로 동쪽 언덕 위에

> 있는 송정순의 논 3마지기를 샀다.[11]

> 1575년 12월 26일. 부인이 빚을 낸 쌀 10섬과 소 1마리로 김난옥의 논 4마지기를 샀다.[12]

송덕봉은 이렇게 빚을 내면서까지 한꺼번에 많은 전답을 사들였고, 주로 가까운 일가친척에게서 구입했다. 아마 새로 이사한 뒤로 먹여 살릴 식구가 많아진 듯하다.

퇴계도 평소 꾸준히 농지를 사들였는데, 주로 큰아들 이준을 시켜 매입하곤 했다. 퇴계의 재산 증식법은 이준에게 보낸 편지로 간접적으로 확인할 수 있다.

> 논을 매입한 일은 잘못이 아니다. 그런데 그 사이에 내게 아뢰고 해야 하는데 그러지 않았으니, 이는 외물의 중함만 보고 그렇게 한 것이다. 그래서 말하는 것이다. 어느 누군들 잘못이 없겠느냐. 잘못이 있으면 이를 고치는 것, 그것이 바로 큰 선(善)이다.[13]

이준이 아버지에게 알리지도 않고 논을 구입했던 듯하다. 그래서 아비에게 알리지도 않고 이익만을 쫓아 덜컥 논을 산 것은 잘못이라고 꾸짖었다.

또 한 번은 이준이 곡식을 가지고 고성(固城)에 가서 전답을 매입하려 했는데, 퇴계가 편지를 보내 곡식 관리에 각별히 신경 쓰라고 지시한다.

만약 고성 전답의 값을 치르기 위해 곡식 전부를 가지고 가야 한다면, 잠시 그곳에 두었다가 밭을 사기를 기다려서 쓰는 것이 좋을 것이다. 이곳에 가져온다면 헛되이 사용할 뿐만 아니라, 그것 때문에 도둑의 마음을 일으킬까 두렵구나. 집에 든든한 자물쇠가 없기 때문이다.[14]

처가살이를 하던 이준이 밭을 살 곡식을 가지고 집으로 오려 하자, 퇴계가 애써 만류하고 있다. 도둑이 들까 걱정되었기 때문이다. 퇴계는 꼼꼼하고 조심스러운 인물이었다.

뽕나무 재배와 원포 가꾸기

토지를 사고 파는 것 외에 조선 사람들의 재산 증식 방법으로 뽕나무 재배가 있었다. 뽕나무는 그 잎과 열매인 오디를 따서 팔거나 직접 양잠을 하기도 하는 등 여러모로 이득이 되는 작물이었다. 이러한 뽕나무의 경제적 효과에 주목한 사람이 다산(茶山) 정약용(丁若鏞, 1762~1836)이다. 그는 강진 유배 시절에 큰아들 정학연(丁學淵)에게 편지를 보내 뽕나무를 심어 집안의 생계를 꾸리도록 권유했다.

생계를 꾸리는 방법은 밤낮으로 모색해 보아도 뽕나무를 심는 일보다 더 좋은 계책이 없을 것 같다. 제갈공명의 지혜보다 더 나은 게 없음을 비로소 알겠구나. 과일 장사하는 일은 본래 깨끗한 이름을 남길 수 있지만, 뽕나무를 심어서 누에 치는 일은 선비로서의 명성도 잃지 않으면서 큰 이익도 얻을 수 있으니, 세상에 또 이러한 일이 어디 있겠느냐? 이곳 남쪽 지방에 뽕나무 365그루를 심은 사람이 있는데, 1년에 동전으로 365꿰미를 벌었다. 1년이란 365일이기 때문에 매일 동전 한 꿰미를 사용하여 양식으로 삼아도 죽을 때까지 다 쓰지 못할 것이며, 마침내는 훌륭한 이름을 남기고 죽을 수 있다. 이 일은 본받을 만한 일이고, 공부는 그다음 일이다. 잠실(蠶室) 세 칸을 만들고 잠상(蠶床)을 일곱 층으로 해 놓으면, 한꺼번에 21칸의 누에를 칠 수 있어서 부녀자들을 놀고먹게 하지 않을 수 있으니 아주 좋은 방법이다. 금년에는 오디가 잘 익었으니 너도 그 점을 명심하거라.[15]

다산은 뽕나무 재배야말로 선비로서의 명성을 잃지 않고 큰 이득도 얻을 수 있는 최적의 일이라고 극찬한다. 자신이 유배되어 있는 남쪽의 강진 사람들도 뽕나무 재배로 큰돈을 벌었다고 말한다. 심지어 다산은 아들에게 이 일이 오히려 공부보다 더 중요하고, 부녀자들이 놀고먹지 않을 수 있다고도 말한다.

또한 다산은 가난한 선비의 재산 증식 방법으로 원포(園圃), 즉 과일나무와 채소를 가꿀 것을 제안했다. 아래의 편지는 다산이 제자 윤종문에게 당부하는 말이다.

귀족의 후예들로 서울에서 먼 지방에 떨어져 살면서 몇

> 대 이후까지 벼슬이 끊기면, 오직 농사짓는 일로 부모를 봉양하고 자식들을 키워야 한다. 그러나 농사란 이익이 적다. 게다가 요즘엔 세금이 날로 무거워져 농사를 많이 지을수록 더욱 쇠잔해지니, 반드시 원포를 가꾸어 보충해야만 생계를 유지할 수 있다. 진귀한 과일나무를 심은 곳을 원(園)이라 이르고, 맛좋은 채소를 심은 곳을 포(圃)라 이른다. 다만 집에서 먹으려고 하는 것만이 아니라 시장에 내다 팔아서 돈을 만들기 위한 것이기도 하다.
>
> 사방으로 길이 통한 고을과 큰 도회지 곁에 진귀한 과일나무 10그루를 심으면 한 해에 엽전 50꿰미를 얻을 수 있고, 맛있는 채소 몇 두둑을 심으면 1년에 엽전 20꿰미를 더 얻을 수 있으며, 뽕나무 40~50그루를 심어 5, 6칸의 누에를 기르면 엽전 30꿰미를 더 얻을 수 있다. 해마다 100꿰미의 엽전을 얻는다면 굶주림과 추위를 구제하기에 충분할 것이니, 이 점을 가난한 선비들도 마땅히 알아야 한다.[16]

가난한 시골 선비는 농사를 지어 가족을 부양해야 하는데, 농사란 본디 이익이 적으므로 과일나무나 채소 등을 심어 시장에 내다 팔아 돈을 벌어야 한다는 것이다. 다산은 과일나무나 채소, 뽕나무 등을 조금씩만 심어도 해마다 100여 꿰미의 돈을 충분히 벌 수 있다고 호언장담한다.

중요한 살림, 노비 관리

조선은 자급자족 가족 사회로 의식주를 비롯한 생활필수품을 거의 대부분 집안에서 만들어 사용했다. 자연히 집안에 일손이 많이 필요했다. 또 조선은 농업 사회인 만큼 농사를 지을 노동력도 많이 필요했다. 그 모든 일들을 집안의 남녀 노비들이 담당했다. 그래서 노비는 토지와 함께 조선 시대 2대 재산 품목이었고, 노비의 거래 가격은 말 한 필 값과 맞먹었다.

조선 시대 양반가의 노비 수는 많을 경우 수백 명에 이르렀다. 미암 집안의 노비는 100여 명에 이르렀고, 퇴계가 살아 있을 때 그 집안에서 함께 살던 솔거노비의 숫자만 해도 150여 명에 이르렀으며, 오랫동안 귀양살이를 했던 묵재 이문건도 100여 명의 노비를 소유하고 있었다. 심지어 1563년 조선에 체류했던 네덜란드인 하멜은 『하멜 표류기』에서 무려 200~300명의 노비를 가진 양반을 보았다고 증언했다.

이들 노비는 크게 주인집이나 주변에 거주하면서 집안일과 경작을 맡아 하던 솔거노비와 주인과 떨어져 살면서 신공(身貢), 즉 몸값을 바치는 외거노비로 나뉘었다.

외거노비는 주인과 따로 떨어져 사는 대신 신공으로 1년에 면포 2필씩을 납부했다. 그들은 자신의 집과 토지 및 또 다른 노비를 소유할 수도 있었다. 하지만 이들 외거노비도 주인이 부르면 언제든지 와서 집안일을 해 주어야 했다. 외거노비가 신공을 바치는 모습은 오희문의 피난일기인 『쇄미록』에 잘 나와 있다.

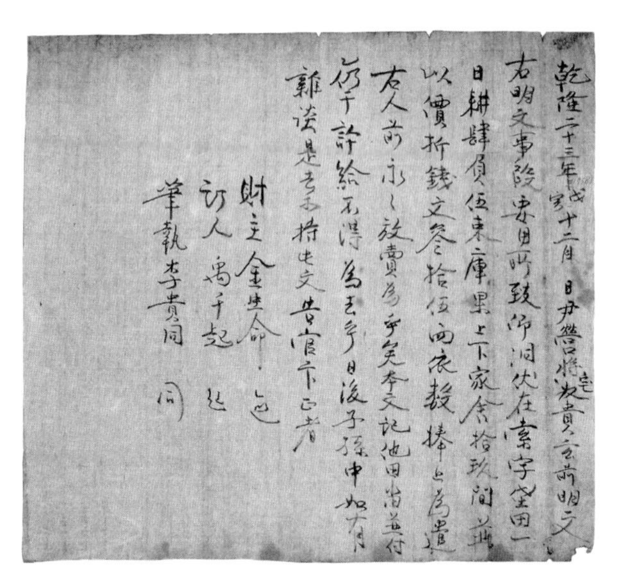

乾隆二十三年戊寅十二月 日尹營將宅奴貴玄前明文
右明文事段要用所致以同伏在[illegible]字畓田一
日耕肆負伍束庫員上下家舍拾玖間並
以價折錢文參拾伍兩依數捧上爲遣
右人前永永放賣爲乎矣本文記他田沓並付
乙仍于許給不得爲去乎日後子孫中如有
雜談是去等持此文告官卞正者
財主 金生命
證人 禹千起
筆執 李貴同

명문(노비문서) 조선, 46.7×52.5cm, 국립중앙박물관 소장. 윤영장(尹營將) 댁 노비 귀현(貴玄)이 1758년(건륭 23년) 12월에 주인 김생명(金生命)에게 밭과 더불어 팔려가는 문서

> 1597년 11월 8일. 안악에 사는 여종 복시의 남편 은광이 지난 초1일에 신공을 가져왔는데, 가는 면포 1필, 목화 4개를 어머님께 바쳤다. 내가 마침 관아에 있었기 때문에 술과 음식을 후하게 대접하게 했다.[17]

오희문의 외거노비 복시의 신공을 그녀의 남편 은광이 찾아와 대신 바쳤는데, 주인은 몹시 좋아하며 술과 음식을 대접했다. 하지만 이런 일은 흔치 않았다. 당시 많은 외거노비들이 신공을 제대로 바치지 않았고, 그나마 주면 다행이었다.

> 1568년 2월 2일. 노비 내은석이 개성부에서 돌아와 유기

그릇 2개, 구리쟁반 1개를 가지고 지난 10년 동안의 신공으로 바친다기에 나는 웃으며 받았다.[18]

위 인용문은 『미암일기』 기록이다. 개성부에서 사는 외거노비 내은석이 10년 동안의 신공으로 바친 것이 겨우 유기 그릇 2개와 구리쟁반 1개이다. 미암은 어쩔 수 없이 웃으며 받았다지만, 당시 외거노비는 주인이 통제하기가 결코 쉽지 않았음을 보여 준다.

반면에 솔거노비는 주인집 행랑채나 주인집 인근에 살면서 날마다 출퇴근하며 각종 집안일을 했다. 그들은 매우 분업화된 형태로 집안일을 했다. 예컨대 주인을 대신해서 안팎의 집안일을 책임지는 겸인, 들판에 나가 농사를 짓는 농노, 각종 심부름을 다니는 심부름꾼, 대문을 지키는 청지기, 말을 몰거나 관리하는 마부, 주인 곁에서 온갖 시중을 드는 아이 종인 시동, 밥이나 반찬을 장만하는 식모와 찬모, 아이에게 젖을 먹이거나 돌보는 유모와 보모, 악기를 연주하거나 노래하는 가비(歌婢) 등이 있었다. 물론 이들은 집안일이 바쁘거나 일손이 부족하면 얼마든지 다른 일을 겸할 수 있었다.

조선 시대에 장애인이 사회에서 소외되지 않고 더불어 살 수 있었던 것도 이처럼 집안일이 워낙 다양하고 해야 할 일이 많았기 때문이다. 단적인 예로 판소리계 소설인 『옹고집전』을 보면, 주인공 옹고집의 노비들 중에 장애인도 상당수 포함되어 있었다.

노비들을 말한다면 남종 72명 중에 작년에 한 명이 도망가고 올해 1월에 또 한 명이 도망가니, 남은 종이 70명에

30명은 드난살이(출퇴근)를 하는데, 얼치기(지적장애인)가 2명이요 수종다리(지체장애인)가 1명입니다.

여종으로 말한다면 126명 중에 벙어리(언어장애인)가 2명이요, 청맹과니(시각장애인)가 2명이요, 꼽추(척추장애인)가 1명이요, 여종 봉덕은 임신하여 아직 해산하지 아니하였습니다. 종의 수가 그 자식들까지 모두 합하면 236명이옵니다.[19]

비록 소설이긴 하지만 옹고집의 집안에는 지적장애인, 지체장애인, 언어장애인, 시각장애인, 척추장애인 등 다양한 장애인 노비들이 일하고 있었다. 이들 모두 옹고집의 큰 재산이었다.

조선 시대 남자가 운영하는 살림 중 매우 중요한 일이 바로 집안의 노비를 관리하는 것이었다. 노비 개개인의 특성을 잘 파악하고 그에 맞는 집안일을 시키는 것이 살림의 요령이었다. 다음은 1490년경 충청도 회덕에서 근무하던 군관 나신걸(羅臣傑)이 갑자기 함경도 경성으로 전근을 가면서 아내에게 보낸 편지의 일부인데, 조선 시대 남자가 노비를 관리하던 모습이 잘 나타나 있다.

가래질할 때 기새보고 도우라 하소. 논 가래질을 다하고 순원이는 내어 보내소. 부리지 마소. 꼭 데려다 이르소. (…) 고을에서 오는 모든 부역은 가을에 정실이에게 자세히 차려서 받아 처리하라 하소. 녹송이가 슬기로우니 물어보아 모든 부역을 녹송이가 맡아서 처리하라 하소. 녹송이가 고을에 가서 뛰어다녀 보라 하소. 쉬이 바치게 부

나신걸이 아내에게 보낸 한글 편지 대전선사박물관 소장

탁하라 하소.[20]

나신걸은 이처럼 평소에 기새와 순원이, 정실이, 녹송이 등 집안 노비의 능력을 정확히 파악하고서 매번 그들에게 적합한 일을 시키곤 했다.

퇴계도 노비의 성정을 꼼꼼히 파악하고서 그에 적합한 집안일을 시키는 것으로 유명했다. 다음은 퇴계가 48세 되던 해인 1548년 풍기 군수로 근무하면서 큰아들 이준에게 보낸 편지의 일부분이다.

> 관아로 데리고 온 갓금이라는 여종이 있다. 이 종은 근본이 정직하므로 처음에는 집안일과 제사 일을 맡도록 할까 생각했으나, 다시 생각해 보니 그 남편이 절도죄가 있는

데다가 수군에서 배를 타는 병역에 종사하고 있으므로 매우 부적당하다. 갓금이는 관아에서 거느리고 있기보다는 그 남편에게 보내는 것이 좋을 것 같다. 그래도 데리고 있어야 할지, 너의 뜻이 어떠하냐? 이 뜻을 너만 알고 있고 하인들은 모르게 하여라.

극비라는 여종은 어리석고 고집이 세서 일을 맡길 수가 없구나. 허나 갓금이를 이미 데리고 와 버렸으니 집 짓는 일과 제사 일을 해 나가는 데 마땅히 맡길 사람이 없으니, 부득불 이 여종에게 맡겨야 할는지? 그러나 극비가 오고 감에 삼가지 않는 점이 너무 심하니, 나는 그 죄를 다스린 다음에 붙잡아서 너에게 주고 여러 가지 일을 시키려 하는데 어떻겠느냐?

개덕, 연분, 조비는 모두 데리고 오는 것이 마땅하고, 석진은 그곳에 머물러 있게 하여 집을 지을 때 자질구레한 일, 방아 찧는 일 같은 것을 모두 시키도록 하여라.[21]

이처럼 퇴계는 갓금이, 극비, 개덕, 연분, 조비, 석진 등 노비들의 성정을 속속들이 파악하고서 그들에게 집안일을 안배하여 시켰다.

노비를 다스리는 법, '은위병행'

조선 시대 양반은 집안 노비를 어떤 방법으로 관리했을까? 저마다 노비를 관리하는 나름대로의 원칙을 세워 두고 있었는데, 대체로 은위병행(恩威竝行), 즉 은혜와 위엄을 함께 쓰는 방법으로 노비를 다스렸다. 미암은 자신만의 노비 관리법을 가훈으로 써서 후손에게 물려주었다.

> 함께 웃으면서 이야기하지 않는다.
> 노비가 소유한 물건을 빼앗지 않는다.
> 금령(禁令)을 명백히 밝힌다.
> 까다롭게 살피지 않는다.
> 죄가 드러나지 않으면 포용한다.
> 죄가 이미 드러나면 적절히 매질한다.
> 자복하고 사실을 아뢴 자는 죄를 덜어 준다.
> 근거 없는 말로 남에게 죄를 전가하는 자는 더욱 벌한다.
> 공이 있는 자는 재물과 의복으로 상을 내린다.
> 수고함이 있는 자는 음식으로 상을 내린다.
> 마구 상을 주면 다른 노비가 질투하고 원망하니 살피지 않을 수 없다.
> 서로 싸우는 자는 이치의 곡직과 상해의 정도에 따라 죄를 결정한다.
> 혐의를 품고 상대방을 무고한 자는 벌한다.
> 이 모든 것의 요체는 공정하고 명확한 태도를 갖고 은혜와 위엄을 병행하는 것이다.[22]

한마디로 노비들을 공명정대하게 대하고, 은혜와 위엄을 병행하는 방법으로 다스려야 한다는 것이다.

하지만 당시 양반과 노비가 결코 일방적인 관계는 아니었다. 양반은 노비를 자신의 수족처럼 부리는 대신에 그들의 일상생활을 돌봐주고 신변 보호는 물론 죽음과 장례까지도 책임져 주었다.

양반은 매달 자신을 위해 일하는 노비에게 월급을 지급하고, 철마다 옷감을 주어 옷을 지어 입도록 했으며, 또 가끔 휴가를 보내 주었다. 다음은 『미암일기』의 기록이다.

> 1568년 4월 22일. 녹봉으로 받은 베 2필을 네 명의 종에게 나눠 주어 각기 반 필씩으로 여름옷을 지어 입게 했다.[23]

> 1568년 6월 3일. 노비에게 한 달 품삯을 줬다. 세 명의 종에게는 각기 쌀 5말을 주고, 두 명의 여종에게는 각기 쌀 3말을 줬다.[24]

> 1568년 9월 23일. 몽근이 집으로 돌아가는 길에 해남과 담양에 편지를 써서 보냈다.[25]

한번은 미암의 노비 대공이 남의 집 노비들에게 맞아 다친 일이 있었다. 미암이 이 일을 형조의 관원에게 알렸더니, 대공을 때린 노비들의 주인이 대공이 보는 앞에서 자신의 노비들에게 각각 곤장 80대씩을 쳤다고 한다. 미암은 “참으로 공정하다”라고 하면서 곧 자신의 노비를 보내 사례했다.[26]

미암이 아내와 함께 창평으로 이주해 한창 사랑채를 짓고 있을 때인 1575년 11월 18일, 밤 3경(23시부터 새벽 1시 사이)에 노비 필동의 집에 불이 나서 잠깐 사이에 모조리 타 버렸다. 사람을 보내 알아보니, 담아 둔 재에서 불이 일었다고 했다. 송덕봉은 불이 났다는 소리를 듣자마자 황급히 옷을 입고 중문까지 나가서 바라보고 들어왔다. 다음 날 아침 노비 집의 화재를 위안하러 온 사람들이 잇달았다고 한다. 주인뿐만 아니라 이웃 사람들도 노비 집에 닥친 재난을 함께 도와주었다.[27]

나아가 양반은 노비가 병이 나면 치료해 주고, 죽으면 장례를 치러 주었다. 예컨대 임진왜란 중 피난살이를 하던 오희문은 집안에서 부리던 여종이 죽자 마음을 다해 장례를 치러 주었다.

> 1594년 12월 15일. 지난밤에 늙은 여종 열금이 죽었다. 병세가 몹시 중해서 형세가 구원할 수가 없었다. 그러나 오래 찬 곳에서 거처했고 음식도 배불리 먹지 못했으며, 비록 먹고 싶은 것이 있어도 구할 길이 없어서 하나도 얻어먹지 못하고 죽었으니 불쌍하다.
> 성질이 본래 험악해서 조금만 뜻에 맞지 않아도 버럭 노해서 욕하고, 심지어 상전 앞에서도 불공한 말을 많이 쏟아내서 사람들이 모두 싫어하고 미워했으니, 비록 죽어도 아까울 것이 없다. 다만 젊었을 때 잡혀 와서 집안 심부름을 하면서 나이 70이 넘도록 한 번도 도망하지 않았다. 또 길쌈을 잘하고 집안일에 부지런하고 검소하며, 조금도 속이는 일이 없었으니, 이는 족히 취할 바이다. 그런데 타향으로 떠돌다가 죽어서도 제자리를 얻지 못했으니 더욱 슬

프고 한탄스럽다.

1594년 12월 16일. 두 종과 이웃집에 있는 피난민 한복을 시켜 열금의 시체를 져다가 5리 정도 떨어진 한산으로 가는 길가의 양지 바른 곳에 묻어 주도록 했다. 불쌍하다.[28]

『쇄미록』의 기록이다. 오희문은 여종 열금이 죽자 제대로 구제해 주지 못한 걸 안타까워하고, 다음 날 피난민 한복에게 길가의 양지 바른 곳에 묻으라고 지시한다. 비록 죽어도 아까울 것 없다는 매몰찬 말도 하지만 한평생 종으로 부린 열금의 인생을 불쌍해하며 최소한의 예우를 해 주었다.

때로 노비는 주인의 명령을 따르지 않거나 게으름을 피우기도 하고, 노비들끼리 서로 싸우거나 주인의 물건을 훔치기도 했다. 또 주인 몰래 도망가는 일도 다반사였다. 물론 이런 행동은 주인의 입장에선 잘못이지만, 노비의 입장에선 생존을 위한 당연한 행동이었다. 그때마다 주인은 호되게 처벌하고 심지어 관아에 알려 죽이기까지 했다.

노비가 주인의 지시를 따르지 않는 불순(不順)을 행할 때, 주인은 노비를 체벌하거나 강제로 일을 시켰다. 『미암일기』와 『쇄미록』에 그러한 양반과 노비의 모습이 잘 나타나 있다.

1568년 5월 7일. 종 몽근이 풀베기를 싫어하여 툴툴대고 불손하므로 종아리 40대를 때려 줬다.[29]

1593년 6월 23일. 아침에 종 명복에게 풀을 베어 오라 했더니 비단 명령에 순종하지 않을 뿐 아니라 불손한 말을 많이 하므로 그 발바닥을 때렸다.[30]

첫 번째 예문은 『미암일기』의 기록인데, 종 몽근이 일하기 싫어하며 툴툴대자, 미암이 그의 종아리를 때렸다. 두 번째 예문은 『쇄미록』의 기록인데, 종 명복이 일하기 싫어하고 불손한 말을 하자, 오희문이 그의 발바닥을 때렸다.

노비들이 게으름을 피우고 집안일을 태만히 할 경우, 주인은 그들의 게으름을 탓하며 매를 들었다. 다음 예문은 서울에서 관직 생활을 하던 퇴계가 고향에 있는 큰아들에게 보낸 편지이다.

너는 이미 식구들을 다 데리고 퇴계로 왔느냐? 들으니 남녀 노비들이 태만하여 일을 하지 않아 걱정이 많다고 하던데, 그중에서 특히 게으름을 부리는 노비들을 가려 종아리를 때려 경고를 하는 것이 좋을 것이다. 또 밭에 인분을 뿌릴 도구를 하나도 준비하지 않았다고 하니 보리를 키울 일이 어려울 텐데 어찌하랴!

김중기에게 보내는 나의 편지는 보냈느냐?

은정이(노비)는 비록 퇴계에서 일하기를 원치 않는다 하더라도 만약 의령으로 돌아간다면 오히려 좋겠지만, 그대로 있으면서 이전과 같이 숨고 피한다면 잘 달래고, 그 형을 불러다가 다스릴 계획이니 다음 편지에 그 종이 하는 행동을 자세히 알려주고 아울러 그 종의 형의 이름도 알

> 려다오. 그 이름을 잊어버렸기 때문이다.
> 유산이와 억수(노비) 등은 병역을 다 면하지 못했느냐? 다 면하기를 원한다면 매우 미안하니 모름지기 다른 예에 의거하여 처리하는 것이 좋을 것이다. 그 끝의 일이 반드시 큰 걱정이 되나, 그래도 어떻게 할 수 없을 것이다.
> 공보와 건(노비) 등이 25일경 내려가려고 하고, 금손이(노비)는 뽑아서 올리는 것을 다 바치지 못했기 때문에 도망갈지도 모른다고 하나 그럴지 안 그럴지 알 수 없구나. 이만 줄인다.[31]

역시 퇴계는 엄격하면서도 용의주도했다. 집안 노비들이 태만하여 일을 하지 않는다고 하자, 퇴계는 그중 심한 자를 가려 종아리를 쳐서 본보기로 삼으라고 지시한다. 그와 함께 다른 노비들의 동태도 하나하나 꼼꼼히 지적하며 아들에게 어떻게 처리해야 할지 자세히 일러주었다.

심지어 퇴계는 집안 노비 중 도둑질한 자가 있으면 관아에 알려 죽이도록 요구하라고 했다. 다음은 1554년 1월 퇴계가 큰아들에게 보낸 편지이다.

> 영주의 타작이 이 정도 수준에 그친다면 굶주림을 면치 못할까 근심이 되니 어찌하랴? 비록 올해 풍년이 들지 않은 까닭이라고 하지만 이곳은 오히려 그렇게 심하지는 않는 것을 보니, 이는 반드시 연동이(노비)가 조심하지 않은 탓이니 허물이 심하고 지나치다.

> 가외란 종년은 도적놈의 계집으로 갇히게 되었다. 이년의 죄는 비록 죽어도 아깝지 않으니, 연동이에게 터무니없이 남(가외)의 죄를 뒤집어쓰는 일이 없도록 하라고 주의를 주었다. 이년이 심한 징계를 받고 죽음에 이른다 해도 어찌 불가하다 하리오? 네가 만약 관아를 지나다가 현감을 뵙거든 이러한 뜻을 아뢰는 것이 좋겠다. 현감이 이 여종을 처리하는 일을 나에게 물었기 때문에 말할 따름이다.[32]

온화한 말투지만 실상은 대단히 엄하고 무서운 내용이 담겨 있다. 올해 영주에서 타작한 곡식이 생각보다 적게 나왔는데, 알고 보니 가외라는 여종이 중간에서 곡식을 빼돌렸다는 것이다. 게다가 가외는 그 죄를 연동이란 노비에게 뒤집어씌우기까지 했다. 이에 퇴계는 가외를 관아에 신고하여 징계를 받도록 했는데, 아들 이준에게 현감을 보거든 아예 죽여도 무방하다고 말하라는 것이다.

노비, 재산에서 식구로

조선 중기까지만 해도 양반은 노비를 수족처럼 부리고 그 대신 그들의 의식주 일체를 책임졌다. 또 노비가 잘못하면 강력히 처벌하거나, 도망하면 관아의 힘을 빌려 붙잡을 수도 있었다.

하지만 임진왜란과 병자호란이라는 큰 난리를 거친 뒤로 이 관계는 차츰 바뀌기 시작했다. 조선 후기에 이르면 노비 스스로 주체적으로 살고자 했고, 주인도 노비를 엄연한 집안의 일꾼이자 식구

20세기 초 노비의 모습 〈사료조사 1 함남북청 청해백 자손 집안 노비〉, 한국-일제강점, 필름, 16.4×11.9cm, 국립중앙박물관 소장. 촬영 연도 1911~1912, 조사자 도리이 류조(鳥居龍藏)

로 대했다. 그들은 마치 오늘날 회사의 사장과 직원의 관계와도 유사했는데, 이러한 조선 후기 양반과 노비의 상호 협력적인 관계를 잘 보여 주는 사례가 추사 집안이 아닐까 한다.

추사 김정희의 아버지 김노경은 1830년에 고금도로 유배되었는데, 이듬해 2월 큰며느리 예안이씨에게 보낸 편지에 김노경의 노비 관리법이 잘 나타나 있다.

> 성득(노비)의 병은 어떻기에 못 온다 하노니 그놈의 일이 아마 부릴 길이 없으니 아주 내쳐 버리는 것이 좋겠으니 자세히 알아보아라. 악남(노비)은 실로 걱정만 되지 내려와도 쓸데없으니 딱하다.[33]

> 성득(노비)은 무슨 병이 있어 여태까지 못 온단 말이니? 서너 날이 되도록 아니 나으면 죽을병인가 보고, 죽을병 같으면 드러눕든지 아니하고 밖에 나다니기는 어쩐 일이라니? 별도로도 기별하겠거니와 아주 집에 붙이지 말고 어서 내쫓아 집안에 붙이지 말게 하여라. 사람이 인정이 한 푼이라도 있으면 어찌 그러하며, 진짜 병이라면 양반의 눈과 말을 피하고 밖으로 나다니는 그런 병이 어디에 있으리?[34]

성득이라는 이름의 집안 노비가 몸이 아프다고 핑계 대며 자꾸만 유배지로 내려오지 않자, 화가 난 김노경이 그럼 아예 집에서 내쫓아 버리라고 지시했다. 아마 성득은 자기 가족을 부양하기 위해 어떻게든 김노경의 유배지에 가서 사역하는 걸 피하려 했던 듯하다. 이렇게 조선 후기가 되면 노비는 자신의 이익을 위해 주인의 명령에 쉽게 따르지 않으려는 경향이 있었다.

추사가 노비를 대하는 모습은 아버지 김노경보다 인간적이었다. 추사는 1840년에 55세의 나이로 제주도에 유배되었다. 이때 추사 곁에는 노비 두 명이 있었다. 다음은 유배 3년째인 1842년에 추사가 예산 집에 있는 아내에게 보낸 편지이다.

> 갑쇠(노비)가 시절병(전염병)으로 앓아 지내더니 무사히 출장을 시켜 지금은 염려를 놓사오나, 그 사이에 그런 심려를 어찌 다 적겠사옵니까? 한의(노비)도 간병을 시키느라 즉시 못 보내고 이제야 보내오며, 이 동네에도 차차 조

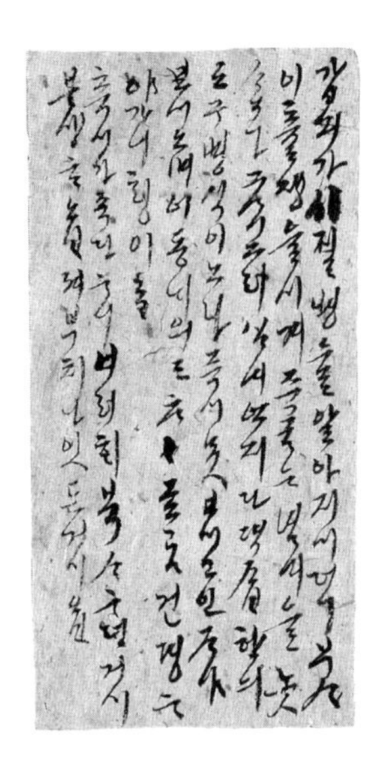

추사가 아내에게 보낸 한글 편지
김정희, 조선, 종이, 24.5×12.5cm, 국립중앙박물관 소장

> 금씩 시절병이 진정되어 가니 다행이옵니다. 추시(노비)가 죽었다 하니 여러 해를 쫓아 섬기던 것이 불쌍하옵니다. 젖붙이(어린아이)나 있던 것이옵니까?[35]

추사는 함께 지내던 노비 갑쇠가 전염병에 걸리자 한없이 걱정하며 노비 한의에게 곁에서 간병하도록 했다. 또 예산 집의 여종 추시가 죽었다는 소식에 불쌍해하며 혹 딸린 자식이 있는 건 아닌지 묻고 있다.

이후 추사는 노비 갑쇠를 어쩔 수 없이 먼저 서울로 올려 보냈는데, 그 가는 모습을 보고 몹시 슬퍼했다. 다음은 당시에 추사가 예산 집의 아내에게 보낸 편지다.

갑쇠(노비)를 아니 보낼 길이 없어 이리 보내나 그 가는 모양이 몹시 슬프오니, 객지에서 또 한층 심회를 정하지 못하겠사옵니다.[36]

지난번 추사의 도움으로 전염병에서 살아난 뒤 갑쇠는 더욱 충성스런 하인이 되었던 듯하다. 그래서인지 추사는 갑쇠가 서울로 떠나게 되자 무척 울적해했다. 아마도 갑쇠는 추사에게 외롭고 힘든 유배 생활 중에도 많이 의지되던 인물이었을 것이다.

6장
남녀가 함께한 봉제사 접빈객

봉제사, 가장 중요한 집안 행사

봉제사(奉祭祀) 접빈객(接賓客)은 조선 시대 양반가에서 가장 중요하게 여긴 일이었다. 제사를 받들어 모시고, 집으로 찾아오는 손님을 극진히 대접하는 유교의 실천 덕목인 봉제사 접빈객은 지금도 일부 종가에서 지켜지고 있다.

유교 사회인 조선에서 제일 큰 가치는 부모에 대한 효(孝)인데, 효의 실천은 부모가 돌아가신 뒤에도 각종 제사로 이어졌다.

추사 김정희가 제주도에 유배 가 있을 때, 그의 아내 예안이씨는 이미 장성해서 결혼한 김상무를 양자로 들였다. 김상무는 추사와 12촌간인 김태희의 아들인데, 당시 추사에게는 서자인 김상우와 서녀 둘밖에 없었기 때문에 봉제사를 할 적자가 필요했다. 이에 추사는 김상무의 아내가 며느리로서 집안에 들어오면 가장 먼저 제사의 중요성과 제사 차리는 법부터 가르치라고 아내에게 일렀다.

> 며느리를 데려온 후 집안의 것이 제 것이니 차차 하여 주어 가는 것이 해롭지 아니하오니, 눈앞의 급한 것이나 하고 나머지는 차차 가면서 하게 하옵소서. 제일 먼저는 제사 차리는 범절을 급히 가르치고, 제사 중요한 것을 알게 하옵소서.[1]

당시 양반가에선 가장 중요한 일이 제사였다. 심지어 나랏일을 하는 관리도 집안에 제사가 있으면 출근하지 않았다. 다음은 미암 유희춘이 쓴 『미암일기』의 기록이다.

> 1568년 5월 13일. 홍문관에서 책을 교정하기 위해 모임을 갖는다고 불렀는데, 나는 내일 제사를 지내기 때문에 가지 못했다.[2]

이때 미암은 홍문관 응교로 근무하고 있었는데, 다른 관원들이 책을 교정해야 한다며 모이자고 했지만 미암은 집안 제사를 이유로 불참했다. 이처럼 당시 제사는 출근을 하지 않아도 될 정도로 중요한 집안 행사였다.

제사의 종류는 크게 기제, 시제, 묘제 등이 있었다. 기제(忌祭)는 조상님이 돌아가신 날에 올리는 제사다. 시제(時祭)는 시제사라고도 하는데, 사계절의 중간 달(음력 2, 5, 8, 11월)에 선조에게 지내는 제사다. 『주자가례』(朱子家禮)에서는 시제를 가장 중시하고 고조 이하의 조상들을 가묘(家廟)에서 합동으로 지내도록 했지만,[3] 우리나라에서는 시제보다 기제를 더 중시해 시제는 절일제와 함께 지내거나 생략하는 경우도 많았다. 묘제(墓祭)는 설, 한식, 단오, 추석 때 지내는 제사다. 이 네 명절의 묘제를 절사(節祀)라고도 했고, 한식과 추석이 가장 성대했다. 이는 『주자가례』에는 나와 있지 않은 우리나라의 고유한 풍속으로 추정된다.[4]

그렇다면 조선 시대 양반가에서는 몇 대 조상까지 제사를 지냈을까?

먼저, 조선 전기에는 양반가에서도 4대 봉사를 하지 않았다. 예컨대 1485년에 발표된 『경국대전』을 보면 6품 이상의 문·무관은 증조부모-조부모-부모 등 3대를 제사하고, 7품 이하는 2대를 제사하며, 서인(평민)은 단지 부모만을 제사하게 했다.[5] 이러한 제사 규정은 그 후로도 계속 이어져 조선 중기에도 양반은 3대 봉사를 했다.

하지만 조선 후기에 이르면 고조부모까지의 4대 봉사가 점차 일반화되어 갔다. 이는 예학의 대가인 김장생(金長生, 1548~1631)이 중국의 『주자가례』에 따라 4대 봉사를 지내면서 널리 확대되었다고 한다.[6] 그러자 이를 비판하는 사람들이 나타나기도 했는데, 대표적으로 성호 이익은 『주자가례』에 명시된 4대 봉사란 본래 제후의 예이고, 벼슬하지 않는 양반까지 4대 봉사를 따르는 것은 옳지 않다고 주장했다.[7] 성호는 하루 세끼도 제대로 해결하지 못하는 양반이 체통을 잃지 않으려고 안간힘을 쓰고 있다면서 4대 봉사를 하지 말고 2대 봉사만 하고, 제수도 집안 형편에 따라 검소하게 차리도록 강조했다.[8]

남녀가 함께 지내는 제사

오늘날 제사의 모습들을 살펴보면 많은 집에서 여자가 제수를 준비한다. 제삿날을 기억하고 각종 제수 용품을 사와서 정성껏 제물을 장만하며 제삿날 찾아오는 일가친척 대접까지 모두 여자의 몫인 집이 많다.

그렇다면 조선 시대의 제사 모습은 어떠했을까? 봉제사는 남녀 모두의 일이었으며, 또 아내가 없을 때는 남편이 제수 준비부터 제사 지내기와 손님 접대까지 모든 것을 홀로 치렀다.

추사의 아버지 김노경은 지방관 생활과 유배 등으로 집안 제사에 참석하지 못한 경우가 많았는데, 이럴 때면 늘 집에 편지를 보냈다.

> 번(당번)은 어느 날 나갈 줄 모르고 아버님 병환도 낫지 못하시니 매우 걱정하는 중 19일 제사도 매년 이 벼슬로 인해 참석하지 못하니 원통함을 어이 다 적겠사옵니까?[9]

1791년 현륭원 영(令)으로 근무하던 김노경이 서울 집에 있는 아내 기계유씨에게 보낸 편지인데, 집안 제사에 참석하지 못해 애석함을 말하고 있다.

집안의 종손인 추사로서는 제사를 더욱 중시할 수밖에 없었다. 실제로 그는 평소 조부모를 비롯한 양가(養家)의 부모와 친가의 부모 등 많은 제사를 지냈고, 아내가 없으면 본인이 제사를 주관하여 지내곤 했다.

나는 제사(조모 해평윤씨 제사)가 가까워오니 새로이 할머니 생각이 끝이 없사오며, 제사 때가 될수록 주부가 없이 지내니 민망하고 또 민망하옵니다. 당신은 편히 있어 이런 생각도 아니 하시고 계신 일이 도리어 우습사옵니다.[10]

1816년 11월에 추사의 아버지 김노경이 경상 감사에 제수되었다. 그리고 추사가 이 편지를 쓴 시점인 1818년 8월 5일경에는 추사의 아내 예안이씨가 대구 감영에서 시부모를 모시고 있고, 추사는 홀로 서울 집에 떨어져 지내고 있었다. 추사가 아내에게 자기 혼자 제수를 준비하고 지내는 모습이 민망하다고 말하는 내용이다.

어찌 보면 조선 시대 제사는 남자의 역할이 좀 더 컸던 듯하다. 당시 남자들은 기일이 돌아오면 우선 재계(齋戒)부터 했다. 재계란 제사를 지내기 위해 몸과 마음을 깨끗이 하고 부정한 일을 멀리하는 것을 말한다. 대개 그들은 제삿날 이틀 전부터 육식을 하지 않고 물 말은 밥에 오이, 생강, 김치를 먹으며 소식(素食)을 했다. 하루 전에는 부인과 떨어져서 다른 방에서 잠을 잤고, 손님이 찾아와도 만나지 않았다. 또 몸을 깨끗이 하기 위해 목욕을 했다.

남자는 또한 각종 제수 용품을 마련했다. 남자가 제수를 마련하는 모습은 17세기 시골 양반 곽주가 별거하는 아내 하씨에게 보낸 한글 편지에 잘 나타나 있다.

아이들과 어찌 계시는고. 기별을 몰라서 걱정하네. 아침에 여종 일년이가 제사에 쓸 떡쌀을 가져갔는데 봉한 것을 분명히 보고 받으셨는가. 제사에 쓸 술항아리를 봉하여 종 금동이가 가져가네. 자세히 보고 받으시오. 제사에 쓸 꿀을 구하다가 못 구했으니 조꿀(조를 고아 만든 꿀)을 고아서 산승 경단(경단의 한 종류)에 쓰고자 하니, 내일 부디 조꿀을 좋게 고아 두소. 정합(?) 가루도 고아 두소. 조꿀을 부디부디 좋게 고아 두소. 여종 수영이한테 배워서 자네가 고아 보소. 바빠 이만. 즉일, 가서(家書).[11]

제사에 쓸 백미 3말, 찹쌀 1말, 녹두 5되, 팥 5되 가네. 자세히 받으소. 제사에 쓸 떡쌀은 멥쌀 1말 5되, 찹쌀 1말로 하여 쓰도록 하소. 기름은 종 한듸를 시켜 짜게 하소. 바빠 이만. 즉일. 메밀쌀 1되 5홉도 국수에 쓰도록 가네. 가서.[12]

가서(家書)는 본인의 집으로 보내는 편지를 말한다. 첫 번째 편지에서 곽주는 제사에 쓸 떡쌀, 꿀 등을 아내에게 보내고, 두 번째 편지에선 백미, 찹쌀, 녹두, 팥, 메밀 등을 보냈다. 아내 하씨는 이것으로 정성스레 제물을 장만했을 것이다.

1573년 6월 6일. 제물을 정결하고 풍족하게 갖추었으니 부인이 내조한 힘이다.[13]

『미암일기』의 기록인데, 미암은 제사를 마친 뒤 부인 덕분에 제물이 정결하고 풍족하게 갖춰졌다고 기록했다. 일기를 쓰는 꼼꼼한 미암이라면, 기록뿐만 아니라 말로도 했을 듯하다.

접빈객, 인심의 척도

조선 시대 양반가에서 제사 다음으로 중요한 일은 접빈객, 즉 손님 접대였다. 손님이 찾아오면 그야말로 정성껏 대접했는데, 빈부의 차가 있을 뿐 정성을 다했다. 다과와 음료 및 식사, 그리고 숙소를 제공하기도 했다. 심지어 손님이 갈 때는 길양식인 노자까지 챙겨주곤 했다.[14] 당시 양반가의 손님 접대는 그 집안 인심의 척도였고, 이를 통해 그들은 다른 양반과 관계를 유지하고 양반의 신분을 계속 지켜 나갔다.

당시 양반가에는 하루에도 수없이 많은 사람들이 다녀가기도 했는데, 오죽하면 미암은 비가 와서 손님이 찾아오지 않은 걸 매우 기쁘다며 일기에 기록할 정도였다.

> 1569년 5월 23일. 비 때문에 손님이 오지 않아 한가롭게 누워 있을 수 있으니, 비가 오는 것도 매우 기쁘다. 다만 비가 적게 오는 것이 한이다.[15]

당시 손님들은 만약 주인이 없으면 명함을 놓고 가곤 했다. 명함은 현재까지 남아 있는 게 없어 정확한 형식은 알 수 없지만, 자신의 이름을 적은 쪽지로 추정된다. 예컨대 『미암일기』에는 명함에 관해 이런 기록이 있다.

> 1568년 2월 28일. 집에 돌아오니 김취문과 최정, 허진, 김세문, 권우, 송해용, 임필 등이 놓고 간 명함이 있었다.[16]

손님이 찾아오면 술이나 다과를 대접하며 이야기를 나누다가, 이윽고 점심이나 저녁때가 되면 함께 식사를 했다. 이러한 손님 접대 모습을 『미암일기』에서 살펴보자.

> 1567년 10월 6일. 해 뜰 무렵에 임천 현감 심인이 주찬(酒饌)을 가지고 찾아와 조용히 담화했다. 이윽고 점심상을 차렸는데, 나는 덕분에 굴과 소고기를 먹을 수 있었다. 저녁에도 주과(酒果)를 베풀었는데, 박순원, 허봉, 유광문 등이 모두 참석했다. 등불을 밝히고 조용히 있다가 갔다.[17]

임천 현감 심인이 찾아왔는데, 미암은 그와 친분이 두터웠는지 아침 일찍 해 뜰 무렵부터 저녁까지 하루 종일 얘기를 나누고 있다. 또 식사도 두 끼니를 차려 내고, 저녁에는 더 많은 손님이 함께 했다.

17세기 사람 곽주는 과거에 급제하지 못한 시골 양반이라서 그런지 유난히 손님 접대에 정성을 다했다. 지역 사회에서 양반 신분을 유지하려면 학문도 중요하지만 현실적으로 손님 접대를 잘해서 인간관계를 잘 유지해야 했기 때문이다.

다음은 곽주가 아내 하씨를 후처로 들인 지 얼마 되지 않은 시기에 보낸 편지로 추정되는데, 곽주의 손님 접대 모습을 잘 보여준다.

> 아자바님(작은아버지 혹은 아저씨)이 오늘 가실 길에 우리 집에 다녀가려 하시니, 진지도 옳게 잘 차리려니와 다

담상을 가장 좋게 차리게 하소. 내가 길에 다닐 때 가지고 다니는 발상을 놓아 잡수시게 하소. 다담상에는 절육, 세실과, 모과, 정과, 홍시, 자잡채, 수정과를 놓되, 수정과에는 석류를 띄워 놓고, 곁상에는 율무죽과 녹두죽 두 가지를 쑤어 놓게 하소. 율무죽과 녹두죽을 놓는 소반에 꿀을 종지에 놓아서 함께 놓게 하소. 안주로는 처음에 꿩고기를 구워 드리고, 두 번째는 대구를 구워 드리고, 세 번째는 청어를 구워 드리게 하소.

아자바님이 자네를 보려고 가시니, 머리를 꾸미고 가리매(잔칫날 검은 베로 만들어 여인이 머리에 쓰는 것)를 쓰도록 하소. 맏이(곽이창)도 아자바님을 뵙게 하소. 여느 잡수실 것은 보아가며 차리게 하소. 잔대와 규화를 김참봉 댁이나 초계 댁에서 얻도록 하소. 가서.[18]

작은아버지뻘의 집안 어른이 새로 들어온 며느리인 하씨를 보러 간다고 하자, 외출 중이던 곽주가 집에 편지를 보내 그 친척 어른을 어떻게 대접할지 자세히 알려 주고 있다. 진지상과 다담상, 곁상 및 다담상에 올라갈 안주들, 심지어 하씨의 머리치장까지도 꼼꼼히 지적하고 있다.

하루는 곽주가 아내 하씨에게 편지를 보내 손님 접대 준비를 시켰는데, 이번에는 손님이 한두 사람이 아닌 열세 명이나 되었다.

덕남이(노비)가 소식을 가지고 오거늘 편히 계신 기별 알고 기뻐하네. 나는 오늘로 먼저 집에 가려 하였더니 손님

> 네들이 "내일 함께 가자" 하고 잡고서 놓지 아니함에 못 갔으니, 내일 손님들 대접할 일을 소홀히 마소. 식기는 오늘 언종이를 시켜 한부에게 가서 받아 가라 하였더니 받아 갔던가. 손님이 열세 분이 가시니 알아서 음식상을 차리소. 장에서 살 것도 자네가 짐작하여 사서 쓸직한 것이 있거든 반찬은 살 만큼 사서 쓰게 하소. 어른 손님이니 소홀히 못하리. 알아서 하소. 아기(큰아들 곽이창)에게 일러서 마을의 소를 구하여 일곱 마리만 내일 오후에 나룻가로 내어 보내소. 나도 못 가고 있으니 자네 혼자서 어찌할꼬 염려스럽네. 우리는 내일 저녁때에야 갈까 싶으이. 소홀히 마소. 이만.[19]

외출 중이던 곽주가 내일 손님 13명을 데리고 집으로 갈 것이라고 한다. 분주히 준비할 아내를 염려하며 장에 가서 반찬거리를 사다가 음식상을 잘 준비하라고 부탁한다. 또 마을의 소 일곱 마리를 빌려 내일 오후에 나루터로 마중을 나오라고 한다. 13명의 단체 손님이 저녁때에야 도착한다 하니, 아마 하룻밤 곽주의 집에서 묵어갈 듯하다. 홀로 13명의 손님맞이로 동분서주 바쁘게 움직였을 아내 하씨의 모습이 눈에 선하지 않은가.

7장
조선 시대의 부부 관계

손님을 대하듯 공경하며

한집안을 이루어 살아가는 것을 의미하는 '살림'은 의식주 등 물질적인 측면뿐만 아니라 가족 간의 소통과 사랑, 돌봄, 자녀 교육 같은 정서적인 측면까지 포함하는 넓은 의미의 일이다. 조선 시대의 부부 관계와 자식 사랑, 자녀 교육 등 정서적 측면에서의 살림살이는 어떠했을까.

조선 시대에는 부부 사이에도 서로 손님을 대하듯 예의를 지키고 공경하며 살아가는 것을 이상적인 부부 관계로 보았다. 그것이 바로 유교, 특히 성리학적인 부부관이었다. 다음 인용문은 퇴계 이황이 혼인을 하는 손자 이안도(李安道, 1541~1584)에게 보낸 편지인데, 조선 시대의 성리학적인 부부관이 잘 나타나 있다.

> 부부란 인륜의 시작이요 만복의 근원이란다. 지극히 친근한 사이이기는 하지만, 또한 지극히 바르고 조심해야 하

지. 그래서 군자의 도는 부부에서 시작된다고 하는 거란 다. 허나 세상 사람들은 부부간에 서로 예를 갖추어 공경해야 하는 것을 싹 잊어버리고, 너무 가깝게만 지내다가 마침내는 서로 깔보고 업신여기는 지경에 이르고 말지. 이 모두 서로 손님처럼 공경하지 않았기 때문에 생긴 거란다. 그 집안을 바르게 하려면 마땅히 시작부터 조심해야 하는 것이니, 거듭 경계하기 바란다.[1]

성리학에서는 부부를 인륜의 시작이자 군자의 도를 실현하는 첫걸음으로 보았다. 그래서 부부간 예의를 중시하며 마치 손님처럼 서로 공경하는 마음으로 대하도록 했다. 조선의 성리학을 확립한 퇴계는 그러한 성리학적인 부부관을 손자 이안도에게 명확하게 일러주고 있다.

실제로 조선 시대의 기록들을 보면 부부 사이에 서로 존칭어를 사용하며 존경하는 모습을 보인 경우가 있다. 이런 사례는 한글 편지에서 살펴볼 수 있는데, 15세기 나신걸, 17세기 곽주의 편지에는 아내에게 '하소', '하네', '상백'(上白: 아내에게 올립니다) 등 경어체를 사용하는 모습을 볼 수 있다.

19세기 추사 김정희는 자신보다 두 살이 어린 아내 예안이씨에게 늘 극존칭의 문장으로 편지를 보냈다.

저번 가는 길에 보낸 편지는 보아 계시옵니까? 그 사이에 인편이 있었으나 편지를 못 보오니 부끄러워 답장을 아니 하여 계시옵니까? 나는 마음이 매우 섭섭하옵니다.[2]

추사는 아내에게 '하옵소서' '하옵니다' 등등 꼬박꼬박 극존칭을 사용했고, '나는 마음이 매우 섭섭하옵니다'라고 자기감정을 솔직히 표현했다.

지금처럼 전화, 문자 등 다양한 소통 수단이 없던 조선 시대에 부부간 의견을 나누고 마음을 전하는 소통 수단은 편지였다. 추사를 비롯해 미암 유희춘, 곽주, 김노경 등이 쓴 편지 일부가 남아 있어 당시 편지로 부부간에 소통한 일면을 엿볼 수 있다.

이밖에도 시(詩)를 지어 서로의 마음을 전하기도 했는데, 대표적으로 미암이 부인 송덕봉과 더불어 시를 주고받는 모습을 『미암일기』에서 살펴볼 수 있다.

1569년(선조 2) 8월 말경이었다. 이즈음 미암은 외교 담당 부서인 승문원에 다니고 있었는데, 며칠째 집에 돌아가지 못하고 숙직했다. 하루는 밤에 서리가 내리자, 송덕봉이 날씨가 추워질 것을 염려해 새로 지은 비단 이불과 늘 입던 외투인 단령을 보자기에 싸서 남편에게 보냈다. 과연 그날 밤에는 우박이 내리고 바람이 쌀쌀하여 사람들이 솜털을 겹쳐 입고 다녔다. 미암은 아내의 마음 씀에 감동했다.

다음 날인 9월 초1일, 미암은 술 한 동이와 함께 시 한 수를 써서 아내에게 보냈다.

> 눈이 내리니 바람이 더욱 차가워
> 그대가 추운 방에 앉아 있을 것을 생각하네.
> 이 술이 비록 하품(下品)이지만
> 차가운 속 따뜻하게 데워 줄 수 있으리.[3]

편지를 받은 송덕봉도 다음 날 화답시를 지어 보냈다.

국화잎에 비록 눈발이 날리지만
은대(승문원)에는 따뜻한 방 있으리.
차가운 방에서 따뜻한 술 받으니
속을 채울 수 있어 매우 고맙소.[4]

그날 저녁 미암은 6일 만에 비로소 퇴근하고 돌아오는데, 그 기쁨을 일기에 이렇게 기록하고 있다.

1569년 9월 2일. 부인과 엿새를 떨어졌다가 만나니 반가웠다.[5]

짧은 한 문장에 담긴 마음이 참 정겹다.

부디부디 조심하옵소서

16세기 경상도 성주에서 가족과 함께 유배 생활을 하던 묵재 이문건은 아내가 아프다고 하면 자신이 직접 약을 처방하여 먹이는 등 극진히 간호했다.

1551년 4월 1일. 저녁에 아래채로 내려가서 머물며 아내의 병을 간호했다. 아내가 지난밤에 뒤척이며 신음하고 앓았는데, 심장과 폐에 열이 있어서 전혀 음식물을 먹지 못하고 맥박도 위태롭다. 아침에 삼소음(參蘇飮)을 먹였지만 효과가 없었다. 낮에 인삼강활산(人參羌活散)을 지어서 달였다. 저문 후에 인삼탕(人參湯)에 지보단(至寶丹: 중풍이나 풍열로 쓰러져서 정신이 혼미해진 증상에 쓰는 약) 2환을 먹였다. 밤이 깊어 강활산 절반을 망초 약간과 섞어서 먹이고, 겸하여 청심원(淸心元) 절반을 씹어 먹게 했다. 신음하는 것은 똑같지만 뒤척이는 것은 조금 나아졌다고 한다. 때때로 헛소리를 했는데, 필시 기운이 떨어지고 괴로워서일 것이다. 마음이 우울해서 하루 종일 아무 일도 하지 못했다.[6]

기록을 보면, 조선 시대 양반들은 평소 의서를 보며 어느 정도 의학 지식을 갖추고 있었다. 그래서 누군가 아프다고 하면 급한 대로 자신이 진맥해서 약을 지어 주곤 했다. 이문건도 아내가 아프다고 하자 즉시 달려가 진맥하고 아침, 낮, 저녁, 밤에 각각 다른 약을 지어 먹이며 환자의 반응을 살폈다. "마음이 우울해서 하루 종일 아무 일도 하지 못했다"는 독백이 이문건의 심정을 고스란히 전해 준다.

미암도 평소 아내의 건강에 많은 신경을 썼고, 아내가 아프면 곁에서 극진히 간호하며 애정을 표현했다. 송덕봉이 48세가 되던 1568년 5월부터 그녀는 월경을 하지 않으며 폐경의 증세를 보였는데, 미암은 의녀를 만나 스스럼없이 아내의 상태를 이야기하고 물었다.

> 1568년 10월 11일. 아내가 금년 5월에 월경이 있은 뒤로 아주 끊어졌다. 의녀 선복에게 물어보니 연세가 당연히 그렇게 될 때가 되었다고 한다.[7]

1572년에는 송덕봉이 감기에 걸려 며칠 동안 고생했는데, 미암은 손님 접대도 하지 않은 채 옆에서 간호했다.

> 1572년 10월 8일. 부인이 감기에 걸려 4일을 낫지 않는다.[8]

> 1572년 10월 9일. 전 진위 현감 유영이 찾아왔는데, 나는 부인의 병 때문에 나가 보지 못했다.[9]

조선 후기에는 가부장제가 강화되면서 부부 관계 또한 권위적으로 바뀌었을 거라 생각되지만, 남아 있는 일기나 편지 등의 기록을 보면 남편과 아내가 서로를 매우 존중하고 사랑하는 마음도 스스럼없이 드러냈음을 알 수 있다.

1791년 김노경이 수원의 현릉원 영으로 근무하고 있을 때였다. 하루는 집안의 심부름꾼이 와서 아내 기계유씨의 편지를 전했는데, 아내의 뒤통수에 종기가 났다는 것이다. 지금이야 종기 정도는 어렵지 않게 치료할 수 있지만, 당시만 해도 사람의 목숨까지 앗아갈 정도로 아주 무서운 병이었다. 이에 김노경은 즉시 아내에게 편지를 썼다.

> 뒤통수에 난 종기가 매우 심해질 듯하거든 즉시 가라앉을

> 약을 붙이고, 행여 덧나게 해서는 큰일이 날 것이니 부디 조심하옵소서. 독이 있고 뿌리가 있거든 즉시 의원에게 보이고 행여나 괴이하고 잡스런 약을 붙여 덧내지 마옵소서. 이 하인이 즉시 떠나기에 바빠서 이만 적사옵니다.[10]

또, 김노경은 아내가 감기에 걸리자 이런 편지를 보냈다.

> 당신께서는 그렇게 도로 병을 앓으신다 하오니 혹 감기의 열이 저번처럼 속으로 파고드는 날이면 큰일이 날 것이옵니다. 들으니 의원 황필이를 거기서 데려오고자 한다던데, 혹 오거든 진맥이나 하여 보옵소서. 다른 시골 의원 같은 것은 혹 온다고 해도 부디부디 보지 마옵소서. 더구나 감기에는 잘못하면 큰일이 날 것이니 부디부디 조심하고 보이지 마옵소서.[11]

반복해서 쓰는 '부디부디'라는 말 속에 아내에 대한 염려와 사랑이 느껴진다.

추사 역시 아버지처럼 아내를 몹시 아끼고 사랑했다. 1842년 추사가 제주에서 한창 유배 생활을 할 무렵, 아내 예안이씨의 병이 심상치 않다는 소식이 들려왔다. 이에 추사는 아픈 팔로 연달아 편지를 써 보내며 그 병의 증세를 물었다.

> 경득(노비)이 돌아가는 편에 보낸 편지는 어느 때 들어갔사옵니까? 그 후로는 배편의 왕래가 막혀 소식을 오래 못

들으니, 어느덧 동지가 가까운데 병환은 어떠하시옵니까? 그 증세가 돌연 떨어지기가 어려운데 그동안에 병의 차도와 동정이 어떠하시옵니까? 벌써 석 달이 넘었으니 원기와 범절이 오죽 쇠하여 계시리이까? 이리 멀리서 걱정과 염려만 할 뿐 어떻다 말할 길이 없사오며, 먹고 자는 모든 일은 어떠하옵니까? 그동안은 무슨 약을 드시며, 아주 자리에 누워 지내옵니까? 간절한 심사를 갈수록 진정치 못하겠사옵니다. (…) 당신 병환으로 밤낮 없이 걱정하오며, 소식을 자주 듣지 못하니 더구나 가슴이 답답하고 타는 듯하여 못 견디겠사옵니다.[12]

"간절한 심사를 갈수록 진정치 못하겠사옵니다"라는 글귀가 추사의 절박한 마음을 잘 대변한다.

아내의 바깥 활동을 뒷바라지한 남편

조선 후기에 내외법이 강화되면서 여성의 바깥 활동이 어려워지긴 했지만, 그 이전인 조선 전기와 중기까지는 비교적 자유롭게 바깥 출입을 했다. 『경국대전』에 흥미로운 기록이 있다.

유생, 부녀로서 절에 올라가는 자(여승도 같다), 도성 안에서 야제(野祭)를 행한 자, 사족의 부녀로서 산간(山間)이나 수곡(水曲)에서 놀이 잔치(遊宴)를 하거나, 야제, 산

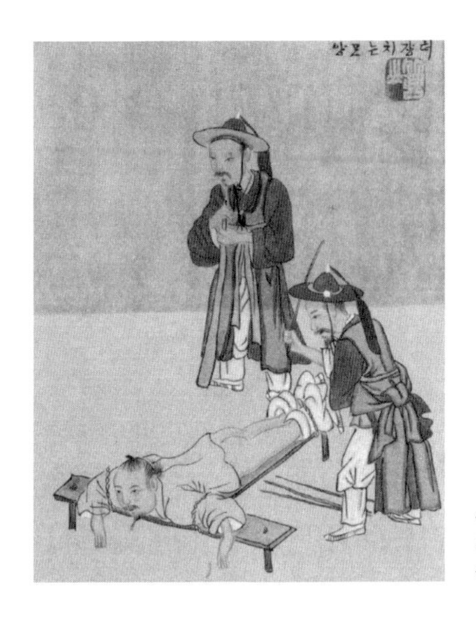

〈**태장 치는 모양**〉
김준근, 조선, 종이, 16.9×13cm,
국립민속박물관 소장(모사복원품)

> 천(山川) 성황(城隍)의 사묘제(祠廟祭)를 직접 지낸 자는 모두 장 100에 처한다.[13]

이러한 금령의 바탕에는 조선이 국가 이념으로 삼은 유교가 있다. 대표적인 유교 경전인 『소학』(小學)에 남녀의 활동을 제한하는 글이 있다.

> 내칙(內則)에 이렇게 말했다. "예는 부부가 삼가는 데서 시작되니, 궁실을 짓되 안과 밖을 구분하여 남자는 밖에 거처하고 여자는 안에 거처하여, 집을 깊숙하게 하고 문을 굳게 닫아 문지기가 지켜서, 남자는 안에 들어가지 않고 여자는 밖에 나오지 않는다."[14]

실제로도 당시에 여성의 바깥 활동이 문제가 되었던 듯하다. 오죽 심하면 곤장 100대를 치겠다고 했을까? 당시 곤장은 남자는 아랫도리를 발가벗긴 채, 여자는 치마를 입되 그 위에 물을 끼얹어 옷이 살갗에 달라붙게 한 뒤 사정없이 내리치곤 했다. 곤장 100대는 생명을 잃을 수도 있는 엄중한 벌이지만, 조선 전기의 여자들이 그만큼 자유롭게 바깥출입을 했다는 반증이기도 하다.

오희문은 정유재란 뒤 어려운 상황 속에서도 아내의 외부 나들이를 최대한 지원해 주었다.

> 1597년 5월 27일. 아내가 집 앞의 냇가가 기이하고 좋다는 말을 듣고 보기를 원하고 여러 여자들이 힘을 다해 찬성하므로, 민시중 등으로 하여금 먼저 가서 차일과 장막을 쳐 놓게 했다. 아내는 가마를 타고 먼저 가고 나는 여자들을 데리고 걸어가서 종일 놀면서 구경했다. 민시중 등이 낚싯대를 갖다가 물고기를 낚아 와서 보리밥을 지어 점심을 먹는데, 천어(川魚)로 탕을 끓여 둘러앉아 먹고, 또 낚시질한 사람들도 대접했다. 저녁이 되자 역시 걸어서 돌아왔다.[15]

> 1599년 4월 3일. 늦은 오후에 아내가 여러 딸들을 데리고 울방연(鬱方淵)에 가서 한참 동안 구경하다 돌아왔다. 이 못은 집 앞의 멀지 않은 곳에 있는데, 꽃이 만발하고 푸른 버들이 늘어졌으며, 맑은 물이 거울처럼 비치고 하얀 돌이 가로세로 있어 기막히게 멋있는 곳이다. 그러나 술과

〈**추천하는 모양**〉 김준근, 조선, 비단, 34.2×39.4cm, 국립민속박물관 소장

안주도 없이 갔다 왔으니 우스운 일이다.[16]

첫 번째 기록에서는 아내가 다른 여자들과 함께 집 앞의 냇가를 구경하고자 하므로, 오희문이 먼저 사람을 보내 차일과 장막을 쳐 놓게 하거나 낚시꾼이 잡아온 물고기로 탕을 끓여 주고 있다. 두 번째 기록에서도 아내는 딸들을 데리고 울방연이란 연못에 가서 경치를 완상했는데, 오희문은 술과 안주도 없이 그냥 갔다 왔다고 안타까워한다.

1569년, 선조 임금이 4경(새벽 1시~3시)에 종묘에 가서 제사를 지내고 묘시(5시~7시)에 풍악을 울리며 창덕궁으로 돌아갔다. 이날 미암의 부인 송덕봉도 3경(23시~1시)부터 임금의 어가 행렬을 구경하기 위해 노비 억정의 집으로 갔는데, 그곳은 바로 종묘

입구 대로변의 남쪽 집이었다.

그날 밤 집으로 돌아온 송덕봉은 여전히 벅찬 감정을 억누르지 못한 채 남편에게 말했다. 이날 미암도 어가 행렬에서 사자위장(獅子衛將)으로 갑옷과 투구를 입고 참여했다.

> 1569년 8월 16일. 저녁에 부인이 딸을 데리고 집으로 돌아와 말하기를 "용안을 우러러 뵈었고, 또 어가를 호위한 위용의 굉장함도 보았소. 평생에 특별한 구경이 이보다 더할 수 없을 것이오. 정미년(1547) 7월 주상께서 집으로 오신 꿈을 꾼 것이 이제야 맞았소"라고 했다.[17]

임금의 얼굴을 직접 보고 어가 행렬을 구경하고 돌아온 송덕봉은 "평생에 특별한 구경이 이보다 더할 수 없을 것이오"라고 말하며 들뜬 기분을 달래지 못했다. 이후 1572년, 신하들이 중국 사신을 맞기 위해 광화문 앞에서 산대놀이를 비롯한 환영의 예를 연습한 적이 있는데, 이날도 송덕봉은 광화문에 나가서 그것을 구경했다. 그리고 미암은 부인이 편안히 구경할 수 있도록 아들에게 미리 가서 잘 준비해 놓으라고 지시했다.

> 1572년 10월 28일. 닭이 울자 부인이 구경을 하기 위해 일찍 일어나 몸단장을 하고 파루를 치기 전에 가마를 타고 중추부의 외랑으로 갔다. 그곳은 광화문의 남쪽인데, 온돌방도 있고 누각도 있다. 미리 아들 경렴을 시켜 불을 지펴 따뜻하게 해 놓고 기다리게 했다.[18]

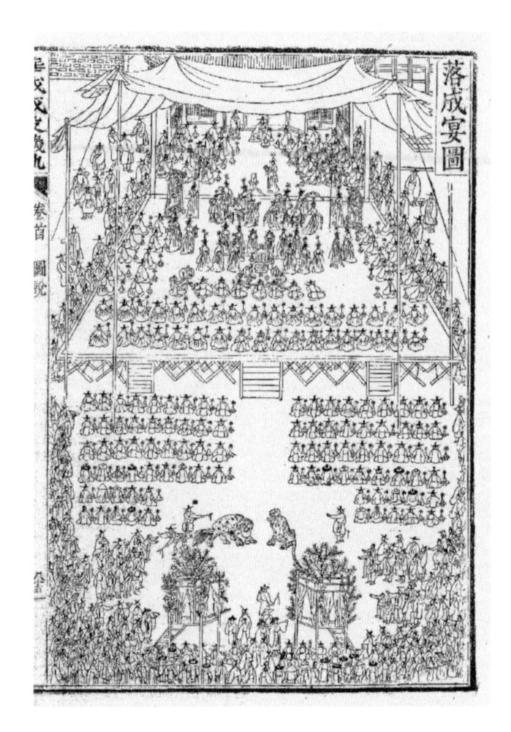

산대놀이의 채붕 모습 『화성성역의궤』(華城城役儀軌) 중 〈낙성연도〉(落成宴圖). 조선, 종이, 34.2cm×21.9cm, 국립중앙박물관 소장. 그림 하단에 두 개의 채붕이 눈에 띈다.

미암은 부인의 구경에 대해 자세히 기록할 뿐만 아니라, 부인이 편안하게 구경할 수 있도록 최대한 뒷바라지를 했다. 그날 저녁 집으로 돌아온 송덕봉은 미암에게 이렇게 말했다.

> 1572년 10월 28일. 부인이 저녁에 집으로 돌아와서 말하기를, "오늘 낮에 채붕(綵棚)과 윤붕(輪棚)의 놀이를 보았고, 또 백관들이 임금의 가마를 호위하는 굉장한 모습을 보았소. 어렴풋이 선경(仙境)에 이른 듯하여 말로 형용할

수가 없소. 평생에 이보다 더한 구경은 없을 것이오"라고 했다.[19]

채붕과 윤붕은 산대놀이를 말한다. 당시에는 광화문 앞에 임시로 산처럼 높은 무대를 설치하고 광대들이 온갖 재주를 부렸는데, 이때엔 한양 사람들이 모두 광화문 앞으로 나와 길 양편에서 구경을 했다고 한다. 송덕봉은 그 모습이 신선의 세계로 느껴졌던 듯하다.

조선 시대의 이상적인 부부의 모습은 서로 손님을 대하듯 예를 갖춰 공경하면서도 살뜰히 챙기고 집안을 화목하게 건사하는 것이었다. 살림에 남녀의 구분을 두지 않고 남편과 아내가 함께하고 끊임없이 소통하던 당시의 기록들이 현재도 남아 있다.

8장
조선의 다정한 아버지상

아버지의 역할을 다하다

조선 시대의 아버지는 아들과 딸, 며느리, 사위 등 자식들과 늘 소통하고 그들을 교육시키고 그들의 질병을 걱정하는 등 아버지로서의 역할을 다하고자 했다. 이러한 조선 시대 아버지의 자식 사랑 관련 자료는 대단히 많은데, 그중 대표적인 사례를 살펴보자.

추사 김정희의 아버지 김노경은 세 며느리에게 직접 한글 편지를 써 보내는 자상한 면모가 있었으며, 끊임없이 편지를 주고받았는데 잠시라도 소식이 끊어지면 매우 안타까워했다.

> 나는 여기(압록강)까지 무사히 오고 진사(아들 김명희)도 잘 오니 다행하다. 지금은 강을 건너려 하니 오늘 이후는 소식도 막힐 일을 생각하니 애연하기 이를 데 없다.[1]

이 편지는 1822년 10월, 동지정사로 중국에 가는 김노경이 압

록강에 도착하여 둘째며느리를 비롯한 집안 여자들에게 쓴 것의 일부이다. 출발할 때부터 쭉 며느리들과 소식을 주고받았는데, 이제 오늘 이후로는 중국 땅에 들어가니 소식이 막힐 것이라 안타깝기 그지없다. 평소 그가 며느리들과 자주 소식을 주고받으며 가깝게 소통했음을 알 수 있는 대목이다.

퇴계 이황은 서울에서 관직 생활을 할 때 며느리가 의복을 지어 보내면 꼭 감사 인사와 함께 선물을 보내 주었다. 퇴계의 경우 아내 권씨가 지적장애를 갖고 있었기 때문에 며느리가 시어머니 대신 시아버지의 의복 수발을 했다. 다음은 퇴계가 큰아들 이준에게 보낸 편지의 일부이다.

> 나는 예전과 같이 그대로이다. 넷째 형님(이해)은 지금 사복판사가 되어 별고 없이 관직에 임하고 계신다. 너의 아내가 지어 보낸 단령을 받으니 기쁘고 마음이 즐겁다만, 어려운 살림에 구태여 이렇게까지 하니 마음에 편안하지 않구나. (…) 흰색의 접는 부채 2자루와 둥근 부채 2자루, 참빗 5개, 먹 1개, 붓 1자루를 보낸다. 접는 부채와 참빗은 너의 아내에게 전해 주면 좋겠구나. 이만 쓴다.[2]

> 아몽의 어미(며느리) 앞으로 보낸 바늘과 분은 잘 받아 두어라. 보내준 버선 3켤레를 받은 기쁜 뜻을 아울러 전해 주면 좋겠구나.[3]

이 편지를 쓸 무렵 퇴계의 나이는 마흔을 갓 넘겼다. 큰며느리는 타지에서 관직 생활을 하는 시아버지를 위해 단령이나 버선을 꼼꼼히 챙겨 보내곤 했다. 그때마다 퇴계는 미안하고 고마워 부채나 침빗, 비늘, 분 같은 선물을 사서 보냈다. 요즘에는 이것들이 흔한 물건이지만, 조선 시대엔 무척 귀하고 값비싼 물건이었다. 특히 바늘은 당시만 해도 중국에서 수입하는 아주 고가의 물건이었다. 며느리에게 전달하라는 말이 정겹다.

연암 박지원도 50세에 상처하고, 이후로는 며느리들이 아내 대신 의복을 지어 보내 주었다. 그런데 며느리가 해 준 옷을 받아 든 연암의 반응이 무척 재미있다. 다음은 연암이 60세 되던 해인 1796년 안의 현감 시절에 큰아들 박종의에게 쓴 편지의 중간 부분이다.

> 멀리서 너희들을 생각하면 서글플 뿐이다. 새아기(둘째 아들 박종채의 처)가 보낸 도포와 버선은 즉시 광풍루(안의에 있는 누각)에서 몸에 걸쳐 여러 사람들에게 자랑해 보였다. 몹시 아껴 가까이 두고 있다. 조만간 며느리에게도 답장을 보내마.[4]

새로 들어온 둘째 며느리가 도포와 버선을 지어 보내자, 그 즉시 누각에서 몸에 걸쳐 여러 사람에게 자랑해 보였다고 한다. 자식 자랑을 한 셈이다. 그러고는 몹시 아끼며 가까이 두고 있다고 말한다.

자식의 병상일지를 쓰다

조선 시대 아버지의 자식 사랑을 가장 극명하게 보여 주는 경우가 바로 자식들이 아플 때이다. 자식이 아프면 아버지는 백방으로 약을 구하고, 병상일지를 썼다.

퇴계는 큰아들 이준이 아프다는 소식을 듣고 곧장 약을 지어 보내며 그 치료법을 편지로 써서 자세히 알려주었다.

> 나는 온계공(溫溪公)의 빈소에 가서 제사에 참여했다가 너의 편지를 보고 곧 집으로 돌아왔다.
> 온백원(약재)은 원래 두 가지가 있기 때문에 두 주머니를 모두 봉해서 보내나, 장마철이 지나서 약효가 없어질까 두렵다. 두 가지를 시험 삼아 사용해 봄이 좋을 것이다. 지금 살펴보니 너의 병 증세가 아팠다 나아졌다 하니 지극히 염려스럽고 불안한 마음을 가눌 수가 없구나.
> 특히 너는 가볍지 않은 병에 걸렸으니, 비록 상복을 입은 지 얼마 되지 아니하나 소식(素食: 고기반찬이 없는 밥)을 고집할 일이 아니다. 하물며 학질은 본래 비장과 위장 때문에 생긴 병이다. 사람들이 모두 말하기를 천 가지 만 가지 약보다도 술과 고기로 비장과 위장을 보호함만 못하다고 하니, 이 말이 정말 이치에 합당하다. 지금 말린 고기 포 몇 짝을 보내니, 너는 임시변통으로 소식을 중지하고 나의 간절한 뜻을 어기지 말도록 하여라. 오늘부터 시작하여 즉시 고깃국을 먹어라. 모든 걱정스러운 일을 가슴

에 담아 두지 말고, 여러 가지로 몸을 보호하여 늙고 병든 아비의 마음을 위로하도록 하여라. 나머지는 바빠서 이만 쓴다.[5]

이 편지를 쓸 당시 퇴계의 나이는 50세였다. 온계공은 퇴계의 넷째 형 이해(李瀣, 1496~1550)이다. 벼슬이 대사헌까지 올랐으나, 이기(李芑)의 모함을 받고 귀양을 가는 도중 병으로 죽었다. 당시 이준도 상복을 입고 소식을 하고 있었는데, 갑자기 학질에 걸려 매우 고생했던 듯하다. 이에 퇴계는 급히 약을 지어 보내며 비록 상복을 입고 있지만 더 이상 채소만 먹는 소식을 하지 말고 즉시 고깃국을 먹으라고 지시한다.

연암은 자식이 아프다는 소식을 듣고 깜짝 놀라 편지를 썼다.

밤사이에 안질(眼疾)은 어떠니? 북제(北齊)의 조정(祖珽)이라는 사람이 청맹(靑盲)이 되자 쑥에다 말똥을 태워 그 연기를 쐬었다는 얘기를 못 들었니? 누가 너로 하여금 이런 참혹한 일을 겪게 하는 건지, 나도 모르게 마음이 섬뜩하여 밤새 한숨도 못 잤다. 네 외삼촌은 들어왔니?[6]

연암의 큰아들 박종의가 눈병에 걸렸다. 연암은 천 년도 더 된 북제 시기 조정의 고사(故事)를 이야기하며 눈병으로 고생하는 아들에게 위로와 걱정의 말을 건네고 있다. 특히 "마음이 섬뜩하여" 밤새 아픈 자식 걱정으로 잠 못 이루는 아버지의 모습이 그려진다.

조선 시대에 자식이 아플 때 곁에서 병간호를 하며 극진한 사랑을 베풀었던 대표적인 인물은 유만주(兪晩柱, 1755~1788)가 아닐까 한다. 그는 자식의 병에 좀 더 정확히 대처하기 위해 병상 일지를 썼다.

유만주는 평생 벼슬하지 않고 독서하며 지낸 인물로, 1775년부터 1787년까지 무려 13년 동안 쓴 일기인 『흠영』의 저자이다.

유만주는 14세인 1768년 해주오씨와 혼인하여 19세에 아들 구환(久煥)을 낳았다. 아내 해주오씨는 아이를 낳은 지 한 달도 못 되어 출산 후유증으로 죽고, 이때부터 유만주는 엄마 역할까지 담당하며 아들을 극진한 사랑으로 키웠다. 이듬해 반남박씨와 재혼하긴 했지만, 아들 구환의 양육은 전적으로 그의 책임이었던 듯하다.

특히 그는 아들 구환의 병을 꼬박꼬박 『흠영』에 기록해 두었다. 1775년 6월 서울에 홍역이 유행하여 사망자가 만 명에 이르렀는데, 유만주 자신뿐만 아니라 세 살배기 아들 구환도 홍역에 전염되어 고생했다. 아들의 온몸에 열꽃이 돋고 설사를 계속했는데, 다행히 7월이 되면서 조금씩 회복되었다.

또 구환이 7세 되던 해인 1779년 1월에는 천연두에 걸렸다. 이때 유만주는 경상도 군위에 내려가 있었는데, 아들이 천연두에 걸렸다는 소식을 듣고 곧장 채비를 갖추어 상경했다. 원래 병약한 체질의 구환은 11세인 1783년부터 코피, 횟배앓이(회충으로 인한 배앓이) 등으로 심하게 아프기 시작했다. 그의 증세는 대략 이러했다.

> 1786년 7월 20일. 구환이 사흘 연이어 코피가 났다. 구미청심원(九味淸心元: 심장과 가슴에 독과 열이 오르는 것을 치료하는 약) 한 알을 먹게 했다.[7]

> 1787년 4월 23일. 교환(敎煥: 구환의 개명한 이름)이 아프다. 오후에 회충 두 마리가 거슬러서 나왔다.[8]

코피가 멈추지 않고 계속 나오기도 하고, 횟배앓이가 심했다. 유만주는 아들의 병을 치료하기 위해 온갖 노력을 다했다. 코피를 멈추게 하는 약과 회충약을 지어 먹이고, 의원 조씨와 김씨 및 의술에 밝은 일가친척을 불러 진찰케 했으며, 스스로도 『동의보감』이나 『본초강목』 같은 의서를 빌려다가 보았다. 또 아들의 이름을 '구환'에서 '교환'으로 바꾸어 쾌유를 기원했으며, 별도로 병실을 만들어 편안히 지내게 하기도 했다. 더 나아가 병록(病錄)을 써 나갔는데, 의원 등에게 보여 조금이라도 정확히 병을 진단할 수 있게 하기 위해서였다.

하지만 아들의 병은 끝내 낫지 않고 구환의 나이 15세인 1787년 5월 12일 가랑비가 내리던 날 야속하게도 먼저 세상을 떠나고 말았다. 유만주는 아들의 죽음에 몹시 고통스러워하면서 아버지로서의 책임을 다하지 못한 것에 자책했다. 또 13년간 계속 써 오던 일기도 더 이상 쓰지 않겠다고 선언한다.

> 아아! 내가 이 일기를 쓴 것이 어찌 나의 버릇으로 그저 자기 좋아하는 바를 따른 행동일 뿐이겠느냐? 앞으로 너에게 보여 주고 너에게 전해 주어, 네가 널리 보고 듣고 아는 게 많은 사람이 되도록 하는 데 도움이 되려 했던 것일 뿐이다. 이젠 끝났으니 이걸 써서 무엇 하겠느냐? 그래서 네가 죽은 날부터 마침내 그만두고 다시는 쓰지 않기로

했다.[9]

결국 유만주도 아들이 죽고 8개월 뒤인 1788년 1월에 세상을 떠났다. 34세의 생일도 못 치르고 죽었다. 유만주의 짧은 생은 어쩌면 아들을 위한 삶이었다고 해도 과언이 아닐 것이다.

퇴계 이황의 자식 교육

오늘날 자녀 양육과 교육은 어머니의 몫인 가정이 많다. 양성평등을 강조하지만 여전히 "집에서 뭐하느라 애 하나도 못 봐?"이런 말이 낯설지 않다. 그만큼 아버지와 자식의 관계는 소원하다.

반면에 조선 시대에 자식 교육은 아버지가 담당했다. 자식의 과거 시험, 관직 생활, 혼인, 손자와 증손자의 교육 등등 일생동안 끊임없는 관심과 사랑이 이어졌다.

선비의 하루 일과를 정리한 「사부일과」를 살펴보면 자식 교육에 많은 시간을 할애한다. 선비의 자식 교육은 그야말로 하루 종일 이어졌다. 새벽 5~7시엔 자식에게 그날 공부할 서책을 가르치고, 오전 7~9시엔 글씨 쓰기를 부과하며, 9~11시엔 독서를 단속했다. 또 오후 3~5시엔 그날 독서한 내용을 암송시키고, 저녁 5~7시엔 독서한 것 중에서 의심나는 것을 강론해 주었고, 7~9시엔 낮에 읽었던 내용을 복습시켰다.

선비의 교육열은 자식이 어릴 때뿐만이 아니라 성인이 되고 심지어 결혼한 이후까지도 지속되었다. 퇴계는 자식에 대한 교육열도 매우 높았다. 특히 퇴계는 서울에서 관직 생활을 하는 와중에도 자식들에게 계속 편지를 보내 공부를 독려했다.

> 독서에 어찌 장소를 택하랴. 향리에 있거나 서울에 있거나, 오직 뜻을 세움이 어떠한가에 달려 있을 뿐이다. 마땅히 십분 스스로 채찍질하고 힘써야 할 것이며, 날을 다투어 부지런히 공부하고 한가하게 시간을 낭비해서는 안 될 것이다.[10]

> 너는 내가 멀리 있다고 방심하여 마음 놓고 놀지 말고 반드시 매일 부지런히 공부하도록 하여라. 또한 만약 집에서 공부에 전념할 수 없다면 마땅히 의지가 굳은 친구와 같이 산사에 머물면서 굳은 결심으로 공부하여라. 한가하게 세월을 보내서는 안 될 것이다. 혹 술 마시고 헛된 생각을 한다거나 낚시에 빠져서 공부를 그만둔다면, 끝내는 배움이 없고 아는 것이 없는 사람이 될 것이다. 나는 아침저녁으로 네가 그렇게 해 줄 것을 바라 마지않는데, 넌들 어찌 내 뜻을 알지 못하겠느냐?[11]

퇴계의 나이 마흔 살, 1540년에 한창 서울에서 관직 생활을 하며 17세의 큰아들 이준에게 보낸 편지이다.

첫 번째 편지에서는 먼저 뜻을 세우고 독서를 할 것이며, 두 번째 편지에서는 집에서 공부에 집중하기 어렵거든 의지가 굳은 친구들과 함께 절에 가서 공부를 해 보라는 것이다. 이렇게 퇴계는 그의 꼼꼼하고 신중한 성격만큼이나 자식 교육도 구체적이고 적극적이었다.

퇴계는 자식이 때를 놓치지 말고 시험을 보도록 종용했고, 어떻게 해서든 과거에 급제하기를 바랐다. 당시엔 과거에 급제하지 못하면 양반도 병역 의무를 져야 했고, 급제 못한 양반을 멍청이, 파락호로 간주했다.

> 또 네가 비록 별시(別試) 때에는 제때에 와서 시험을 보겠다고 하지만, 진실로 가망이 없을 것을 알지만 함께 시험 준비를 할 여러 친구들과 같이 와서 시험을 보아라. 각처의 사람들이 천둥치듯 구름처럼 모여드는데, 너만 홀로 향촌에 눌러 앉아 있어 감정에 분발하는 마음이 없는 것이 옳겠느냐. 이 앞의 편지에 친구와 같이 와서 서울 구경을 한 후에 그대로 머물면서 겨울을 보내기를 바란다고 말했으나, 지금 너의 편지를 보니 그것이 무익하다는 것을 알고 때맞추어 와서 시험을 보지 않으려 하는 것은 다름이 아니라 네가 평소에 입지(立志)가 없어서이다. 다른 선비들이 부추겨 용기를 북돋우는 때를 당해서도 너는 격앙하고 분발하는 뜻을 일으키지 않으니, 나는 대단히 실망이 되고 실망이 된다.[12]

1542년 8월, 퇴계가 큰아들 이준에게 보낸 편지의 일부이다. 자식의 과거 급제에 집착하는 아버지의 모습이 잘 나타나 있다. 비록 과거에 급제할 가망이 없을지라도 친구들과 함께 와서 시험을 보려고 했어야지, 왜 제때에 와서 시험을 보려고 하지 않았느냐며 나무라고 실망하는 모습을 보인다.

이 같은 퇴계의 극성스런 교육열에도 불구하고 이준은 서른 살이 넘도록 과거에 급제하지 못했다. 결국 퇴계가 직접 나서서 음직(蔭職: 과거를 거치지 않고 조상의 덕으로 얻은 벼슬)으로 제용감 참봉(종9품)이 되도록 해 주었다. 하지만 이준은 그곳에서도 적응하지 못하고 다른 곳으로 직책을 바꾸고자 했다. 당시 고향 안동에 내려와 있던 퇴계는 그 소식을 듣고 걱정되어 서울에 있는 이준에게 편지를 써서 보냈다.

> 제용감에는 일이 많고 쉽게 사고가 생기는 것을 내가 모르는 바는 아니다. 다만 네가 관직을 얻은 것이 본래 떳떳치 않았고, 겨우 한 달도 되지 않아서 또 직책을 바꿀 뜻을 도모하여 네 욕심만 따르려 하니, 이는 남들이 뭐라고 할지 매우 두렵구나.[13]

제용감 참봉이 된 지 한 달도 되지 않아 직책을 바꾸려고 하다니, 제 실력으로 그 자리를 차지한 것도 아닌데, 남들이 뭐라 할까. 누구보다 원칙을 중시했던 퇴계의 성격상 자식의 그러한 가벼운 처사가 한없이 답답했을 것이다.

이처럼 퇴계는 자식의 어릴 적 공부 방법부터 과거 시험, 관직 생활 등까지 계속해서 적극적으로 개입했다. 비록 자식이 부족하여 한없이 말썽을 일으켜도 포기하지 않고 가르치고 이끌어 주었다.

연암 박지원의 자식 교육

연암도 퇴계만큼이나 자식 교육에 열성적인 아버지였다. 단, 자식 교육의 방법이나 철학은 많이 달랐는데, 연암은 퇴계에 비해 좀 더 자유롭고 개방적이었다.

연암은 자식에게 손수 밑반찬을 만들어 보내줄 정도로 애정을 갖고 대했다. 또한 연암은 자신이 먼저 모범을 보인 후 '너희들도 이렇게 하지 않겠니?'라고 권유했다.

> 나는 고을 일을 하는 틈틈이 한가로울 때면 수시로 글을 짓거나 혹 법첩(法帖)을 놓고 글씨를 쓰기도 하거늘 너희들은 해가 다 가도록 무슨 일을 하느냐? 나는 4년간 『자치통감강목』을 골똘히 봤다. 두어 번 읽었지만 늙어서인지 책을 덮으면 문득 잊어버리는지라 부득불 작은 초록 한 권을 만들지 않을 수 없었는데 그리 긴한 것은 아니다. 그렇기는 하나 재주를 펴 보고 싶어 그만둘 수가 없었다. 너희들이 하는 일 없이 날을 보내고 어영부영 해를 보내는 걸 생각하면 어찌 몹시 애석하지 않겠니? 한창때 이러면 노년에는 장차 어쩌려고 그러느냐? 웃을 일이다, 웃을 일이야.[14]

60세가 된 연암은 나이가 들어서도 꾸준히 글을 쓰고 책을 읽었다. 이번에도 중국 역사책인 『자치통감강목』을 자세히 읽으며 초록을 만들었다고 한다. 솔선수범을 보인 것이다.

봄날 새벽의 과거 시험장 〈공원춘효도〉(貢院春曉圖, 부분), 김홍도, 조선, 비단에 채색, 70×36.5cm, 안산시 소장. 조선 후기 과거 제도의 폐해를 적나라하게 풍자한 풍속화로, 그림 상단에 있는 표암 강세황의 제발(題跋) 때문에 이 그림에는 '공원춘효도'라는 제목이 붙었다. 제발 첫 구절의 "貢院春曉萬蟻戰"은 "과거 시험장(貢院)에서 봄날 새벽(春曉)에 만 마리의 개미가 싸움을 벌인다(萬蟻戰)"는 뜻이다.

과거 시험에 대한 태도도 퇴계와 연암이 달랐는데, 퇴계는 자식이 반드시 급제하기를 바랐고, 연암은 본인의 선택에 맡겨 두었다. 1797년 면천 군수 시절 큰아들 박종의에게 보낸 편지의 일부를 살펴보자.

> 과거 볼 날이 가까우니 정신을 모을 일이며, 맹랑한 짓은 않겠지? 시험에 붙고 안 붙고는 관계없는 일이며, 다만 과장에 출입할 때 조심해 다치지 않도록 해야 할 게다.[15]

물론 이왕이면 합격하는 게 좋겠지만, 그보다는 건강이 더 중요하다. 조선 후기에 오면 많은 유생이 한꺼번에 과거 시험장에 밀려들어 가다가 다치거나 목숨까지 잃는 경우도 있었다.

연암은 자식들에게 과거에 급제해 출세하는 것보다는 대인(大人), 즉 큰사람이 되라고 가르쳤다. 다음 편지도 1797년 면천 군수 시절 작은아들 박종채에게 보낸 편지의 일부이다.

> 너희 형제는 걱정되지 않고, 늘 마음에 잊히지 않는 아이는 손자 효수(孝壽: 박규수朴珪壽)이니 우습구나, 우스워. 넌 모름지기 수양을 잘해 마음이 넓고 뜻이 원대한 사람이 되고, 과거 공부나 하는 쩨쩨한 선비가 되지 말았으면 한다.[16]

연암 스스로도 집안의 기대에 부응해 과거 시험에 응시한 바 있지만, 이후 관직에 뜻을 접은 터였다. 그러니 자식들에게 과거 시험을 꼭 봐야 한다는 식의 강요는 평생 없었을 것이다. 과거 공부나 하는 쩨쩨한 선비가 되기보다는 학문과 수양을 통해 마음이 넓고 뜻이 원대한 이른바 '큰사람'이 되라는 것이 아버지 연암의 바람이다.

연암의 둘째 아들 박종채는 과거에 급제해 경산 현감을 지냈고, 손자 박규수는 1848년 문과에 급제해 벼슬이 우의정에 이르렀다. 어쩌면 연암이야말로 진정한 자식 교육의 이치와 방법을 깨닫고 실천했던 것은 아닐까 생각하게 된다.

아버지의 딸 교육

조선 시대 아버지는 딸 교육에도 많은 신경을 썼다. 아들, 딸 구별 없이 똑같이 학문을 가르친 아버지도 있었다.

장계향(張桂香, 1598~1680)은 안동장씨 장흥효(張興孝)의 딸이자, 갈암(葛庵) 이현일(李玄逸, 1627~1704)의 어머니이다. 총명한 외동딸 장계향은 어릴 적에 아버지에게 직접 가르침을 받았다. 장계향의 아들 이현일이 쓴 「선비증정부인안동장씨실기」에는 다음과 같은 기록이 있다.

> 경당선생(장흥효)에게는 어머니가 유일한 딸이어서 기특하게 사랑하여 『소학』과 『십구사략』을 가르쳐 주니 힘들이지 않고도 글의 의미를 통하였다.[17]

장계향은 10세 전후에 이미 시와 글씨에 두각을 나타냈다. 당시 예악과 율려(律呂)에 뛰어나고 특히 초서(草書)의 1인자로 불리던 정윤목(鄭允穆: 1571~1629)이 그녀가 써 놓은 〈적벽부〉 글씨체를 보고 깜짝 놀라 말했다.

"글씨의 형세가 호탕하고 굳세어 조선 사람의 서법과 같은 종류가 아니니 중국 사람의 필적이 아닐런지!"

하지만 혼인할 무렵에는 시를 짓고 글씨를 쓰는 것을 여자의 일로 여기지 않고 마침내 끊어 버렸다. 이는 여자의 사회 진출을 가로막는 조선 후기의 시대적 상황 탓이었다.

그러다가 느지막이 73세인 1670년에 음식 조리서인 『음식디미방』(혹은 『규곤시의방』)을 써서 후대에 남겼다. 이 책에는 면병류, 어육류, 소과류, 술/초류 등 4가지 항목 아래에 146가지의 음식 만드는 법이 기록되어 있다.[18]

김운(金雲, 1679~1700)은 유학자이자 문장가인 농암(農巖) 김창협(金昌協, 1651~1708)의 셋째 딸로, 용모가 단정하고 총명하여 아버지로부터 각별한 사랑을 받았다. 그녀는 11세 때 아버지를 따라 영평 백운산에 은거한 적이 있었다. 그때 남동생 김숭겸(金崇謙)과 함께 아버지에게 학문을 익혔는데, 문리가 빨리 트여 혼자서도 『주자강목』을 막힘없이 읽을 수 있었다. 또 날마다 문을 닫고 책에 빠져 거의 침식을 잊을 지경이었다. 그 모습을 가상하게 여긴 아버지 김창협은 굳이 말리지 않으며 이렇게 말했다.

"이 아이는 성품이 고요하고 질박하니 글을 알더라도 별 탈이 없을 것이다."

그러고는 『논어』와 『서경』 등을 대략 가르쳐 주니, 배우기를 다 마치지 않았음에도 그 이해력이 경서 전체를 읽은 사람보다 뛰어났다고 한다.

이후로도 그녀는 6년 동안 아버지와 더불어 고금의 정치와 성현의 말씀을 논하며 산중 생활을 보냈다. 큰할아버지 김수증(金壽增)과 작은아버지 김창흡(金昌翕, 1653~1722)도 항상 그녀를 불러 함께 이야기하기를 좋아했다. 뿐만 아니라 여사(女士), 즉 여성 선비로 대접하니, 일가의 딸들이 감히 그녀를 바라보지 못했다. 한창 성장할 나이인 11세부터 17세까지, 오늘날로 치면 중·고등학생 시절에 집안 어른들로부터 직접 학문을 배우고 익혔던 것이다. 일찍이 그녀는 형제들에게 이렇게 말했다고 한다.

"내가 만약 남자로 태어난다면 다른 소원은 없다. 다만 깊은 산속에 띳집을 짓고 책을 백 권이고 천 권이고 쌓아 놓고선 호젓하게 늙어 가면 그만이다."

하지만 그녀도 오씨 집안에 출가한 뒤로는 그만 손에서 책을 놓고 만다. 오씨 식구들은 물론 남편조차도 그녀가 책을 읽는 것을 한 번도 본 적이 없었다고 한다. 그녀도 장계향도 변화하는 조선 후기의 현실을 무시할 수 없었던 것이다.

김운은 1700년 7월 17일 22세의 젊은 나이에 아버지보다 먼저 세상을 떠났다. 죽기 전에 그녀는 남편에게 이런 말을 남겼다고 한다.

"나는 여자로 태어나 세상에 드러낼 어떤 공덕도 없습니다. 그러니 차라리 일찍 죽어 아버지의 글 몇 줄을 무덤에 새기는 편이 나을 것 같습니다."

세상에 태어나 아무 것도 이룰 수 없는 여자로 사느니 차라리 일찍 죽어 나를 알아준 아버지의 글을 비문에 새기고 싶다는 것이다. 옴짝달싹할 수 없는 현실의 벽 앞에서 김운이 느꼈을 상실감과 무력감을 짐작할 수 있는 대목이다.[19]

조선 시대 아버지들은 딸의 학업뿐만 아니라 예절 교육에도 많은 신경을 썼다. 조선 후기가 되면 여자가 남자 집으로 시집가는 풍속이 정착되고, 또 가문을 중시하는 사회였으므로, 혹시나 딸이 시집가서 남의 가문을 욕되게 하지 않도록 철저히 교육했다. 아버지는 딸이 시집가서 지켜야 할 덕목들을 써서 주기도 했는데, 대표적인 예로 우암(尤庵) 송시열(宋時烈, 1607~1689)이 출가하는 맏딸을 위해 시집가서 지켜야 할 규범들을 한글로 써 준 『계녀서』(戒女書)를 들 수 있다.

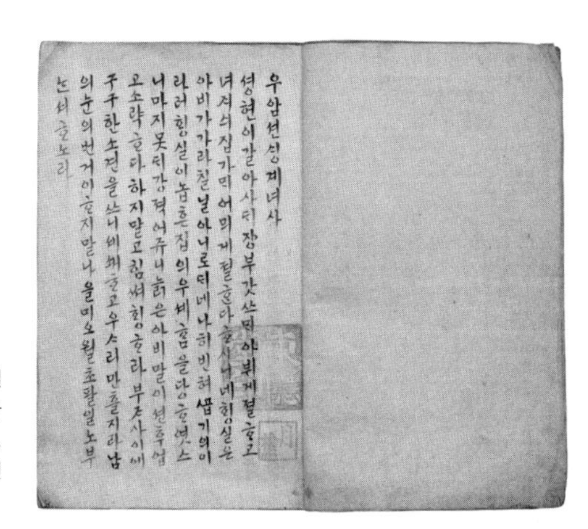

우암 송시열의 『계녀서』 한글 필사본 『우암선생계녀서』, 필사자 미상, 대한제국기, 34×21.6cm, 국립한국박물관 소장. 1909년 12월. 필사본 1책.

이 책에서 우암은 부모 섬기는 도리와 남편 섬기는 도리, 시부모 섬기는 도리, 형제와 화목하게 지내는 도리, 친척과 화목하게 지내는 도리, 자식을 가르치는 도리, 제사 받드는 도리, 손님 대접하는 도리, 시기하지 않는 도리, 말조심하는 도리, 재물을 절약하는 도리, 일을 부지런히 하는 도리, 병환에 모시는 도리, 노비 부리는 도리, 돈을 꾸고 받는 도리, 물건을 사고 파는 도리, 빌고 소원하는 도리, 기타 중요한 경계들, 옛 사람의 착한 행실 등 20가지의 규범들을 자세히 일러주고 있다.

> 사람이 온갖 것을 다 장만하지 못하니 사고 팔기를 하지 않을 수 없다. 사람의 마음이 살 때는 적게 주고 팔 때는 많이 받고자 하니, 남에게 속지는 아니 하려니와 너무 이롭고자 하지 말라. 물건을 살 때 마음속에 생각하기를 내가 판다면 얼마를 받겠다 하고, 물건을 팔 때 생각하기를

내가 산다면 얼마를 주겠다 하고, 값을 대충 헤아려 사고 팔면 자연히 마땅한 값대로 되는 것이니라.
남이 질병이나 기근에 절박하여 물건을 반값만 내고 사라고 하거든 온값을 주고 사도록 하여라. 이(利)롭게 사면 오래지 않아 잃거나 깨거나 자손들이 도로 팔거나 하느니라. 혹 생각한 대로 값을 판단하여 헤아리지 못하고 너무 많이 주어도 잘못이니, 남한테 물어서 여러 사람의 공론대로 하면 내 마음과 복에 해가 없는 것이니라. 부디 이롭고자 하지 마라.[20]

물건 사고 파는 도리에 대해서 이야기하고 있다. 물건을 사고 팔 때 너무 이익만을 좇지 말고 그에 합당한 값을 매겨야 함을 말한다. 우암은 이렇게 딸에게 각종 예의범절 및 생활 습관만이 아니라 물건 거래까지도 자세히 일러주었다. 특히 그는 딸 교육에 있어서 무조건 강요하는 것이 아니라, 그 이치와 방법까지 찬찬히 일러주며 스스로 깨닫게 하고 있다.

9장
극성스런 손자 교육

최초의 육아 일기 『양아록』

조선 시대 남자는 자식 교육에 더하여 손자 교육까지도 담당했다. 핵가족 위주인 지금 시대에는 어려운 일이지만, 조선 시대에는 노년이 되어도 조부모로서 집안의 큰일을 다스리고 손자 양육 및 교육 등을 책임졌다.

묵재 이문건은 우리나라 최초의 육아 일기인 『양아록』(養兒錄)을 남길 정도로 손자 교육에 많은 신경을 썼던 인물이다. 그는 51세인 1545년에 을사사화에 연루되어 경상도 성주로 유배되었다. 이듬해엔 부인도 아들을 데리고 유배지로 내려와 함께 살았다. 이문건은 처음에 외아들 이온(李熅)에게 큰 기대를 걸었지만, 이온은 어린 시절 심한 열병에 걸렸다가 학습 능력이 떨어지는 지적 장애를 앓게 된다. 이문건은 그런 아들이 못내 원망스럽고 답답했는지 평소 심한 체벌을 가했고, 결국 아들은 정신분열증까지 겪다가 40세인 1557년에 사망하고 말았다.

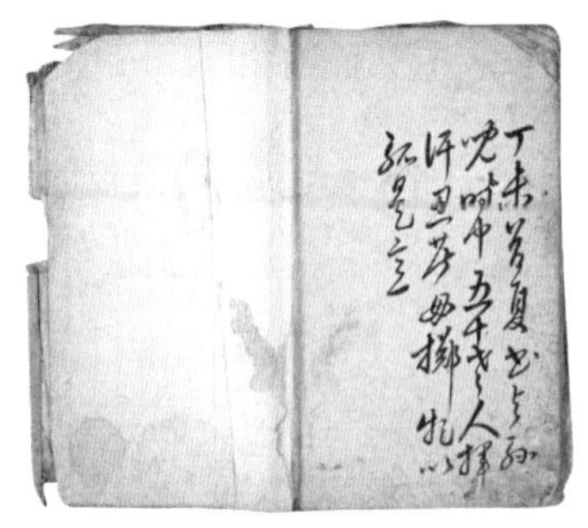

할아버지가 손자에게 써 준 『천자문』 이항복, 조선, 종이, 39×24cm, 국립중앙박물관 소장. 백사(白沙) 이항복(李恒福, 1556~1618)이 52살 때 6살 손자에게 직접 써 준 『천자문』. 책의 마지막에 "정미년(1607) 4월에 손자 시중(時中)에게 써 준다. 오십 먹은 노인이 땀을 닦고 고통을 참으며 쓴 것이니 함부로 다뤄서 이 노인의 뜻을 저버리지 말아라"라는 당부의 말도 적혀 있다.

다행히 아들 이온은 숙희(淑禧), 숙복(淑福), 숙길(淑吉, 1551~1594. 후에 수봉守封으로 개명), 숙녀(淑女) 등 1남 3녀를 남겼다. 그중 이문건은 손자 숙길의 탄생을 애타게 기다렸고, 그의 양육에도 많은 관심을 기울여 조선 최초의 육아 일기인 『양아록』을 남겼다. 숙길은 귀한 2대 독자였다.

병진년 봄에 젖을 떼고,
내 잠자리에서 자라고 불러들였네.
이불에 파고들어 내 가슴을 만지며,
잠들 때면 내게 안기는구나.
잠에서 깨어나면 매번 할아버지를 부르고,
내 가까이 오며 두려워할 줄 모르네.
손자가 잠자는 틈에 나는 일어나 책을 보다가,
손자가 잠에서 깨면 끌어안아 주었지.

손자를 안아 눕히고 그와 더불어 잠자며,
밤을 함께 지내고 항상 따로 놔두지 않았네.[1]

1556년 9월 초의 『양아록』 기록인데, 손자를 사랑으로 돌보는 할아버지의 모습이 잘 나타나 있다. 조선 시대에는 대체로 아이가 여섯 살이 되면 본격적으로 교육을 시켰는데, 이문건도 손자 숙길이 여섯 살이 되자 자신의 방으로 불러 함께 생활했다.

이문건은 손자에게 『천자문』을 조금씩 가르쳐 보지만 가르치는 일이 쉽지 않았다. 이런 손자를 보며 "혀가 짧아 발음이 제대로 되지 않고, 심란하여 잘 잊어버리고 제대로 외우지 못하네"라고 기록했다. 한 자라도 더 가르치려는 할아버지의 조급한 마음이 느껴진다.

이듬해인 일곱 살이 되어서도 손자는 밖에 나가 놀기만 좋아할 뿐 좀처럼 공부에 흥미를 갖지 못했다. 그럴수록 손자에 대한 할아버지의 분노와 체벌도 점점 늘어만 갔다. 이러한 손자와 할아버지의 갈등은 『양아록』보다는 이문건의 유배 일기인 『묵재일기』에 잘 나타나 있다.

1557년 3월 2일. 손자가 성품이 미련하고 둔해서 쉽게 글씨 쓰기에 습관을 들이지 못하고 뛰어다니기를 좋아하며 공부는 하지 않는다. 내가 오후에 화가 나서 손으로 벽지를 찢어 버렸다.[2]

1557년 10월 7일. 손자를 돌보았다. 손자 역시 『천자문』

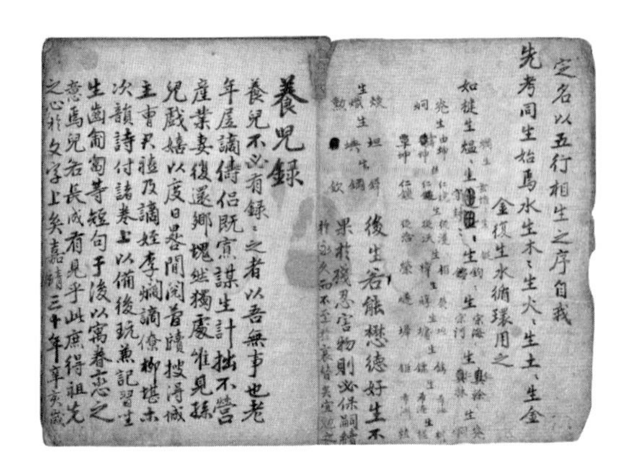
養兒錄
養兒不必有錄，錄之者以吾無事也。老年屢謫，儔侶既寡，謀生計拙，不營産業，妻復還鄉，塊然獨處，惟見孫兒戲嬉以度日，暑閒閱舊牘，披得臧主簿只祉及謫姪李㶊謫僚柳堪求次韻詩付諸卷上，以備後玩，兼記習生生齒匍匐等短句于後，以寓眷戀之意焉。兒若長成，有見乎此，庶得祖先之心於文字上矣。嘉靖三十年辛亥歲

定名以五行相生之序自我
先考同生始焉水生木，木生火，火生土，土生金
金復生水循環用之

後生若能懋德好生不

이문건의 『양아록』 제1면
이 책의 서문에 해당하며 말미에 "손자가 장성하여 이것을 보게 된다면 할아버지의 마음을 알게 될 것이다"라고 적혀 있다.

공부에 마음을 두지 않고 딴눈 팔기를 멈추지 않으며, 이전에 배웠던 것도 모두 모르겠다고 했다. 손가락을 굽혀 꿀밤을 세게 때렸더니, 눈물을 흘렸다.[3]

이문건의 손자는 일찍부터 술 마시기를 시작했는데, 13세가 되자 거리낌 없이 술을 마시고 취해서 횡설수설했다. 한번은 낮에 집에서 담근 술을 마시고 저녁엔 남의 집에 가서 술 석 잔을 얻어 마시고 크게 취해서 돌아왔다. 다음 날 아침 이문건은 회초리를 가져다가 가족들에게 차례대로 때리게 해서 술 마시는 것을 경계했다.

이튿날 아침 아랫집으로 내려가,
꾸짖으며 종아리를 걷어 올리게 했네.
먼저 자매를 시켜,
각각 10대를 때리게 하네.
다음엔 어머니, 그다음엔 할머니에게,

또 10대씩 종아리를 때리게 하네.
나만 유독 20대를 때려,
울화를 풀어 버리려 했네.[4]

이문건의 손자 숙길은 이후에 어떻게 되었을까? 안타깝게도 이문건의 염원과 달리 과거에 급제하지 못했다. 하지만 1592년 임진왜란이 일어나자, 외가인 괴산에서 의병을 일으켜 왜적과 맞서 싸웠다고 한다. 그 역시 아버지처럼 비교적 젊은 나이인 44세에 사망하고 말았다.

이문건은 손자 숙길뿐만 아니라 큰손녀 숙희도 직접 가르쳤다. 숙길과 달리 숙희는 공부를 무척 좋아하는 아이였다. 6세 무렵엔 할아버지께 한글을 배우고 싶다고 했고, 9세 때는 숫자를 세고 육갑(六甲)과 28수(宿)를 외웠으며, 10세 무렵엔 남동생 숙길과 함께 『천자문』을 익혔다. 13세부터는 할아버지께 본격적으로 글을 배우고 싶다고 하여 『삼강행실도』와 『소학』 등을 배웠다.

그런데 숙희는 수신서를 배우는 데에 그치지 않고 직접 실천에까지 옮기는 그야말로 '여중군자'(女中君子)였다. 그녀의 나이 16세인 1562년 2월 4일이었다. 할머니(이문건의 부인)가 밤새 신음하며 괴로워하다가 새벽녘에는 정신이 흐려지고 말조차 제대로 하지 못했다. 그때 숙희가 할머니를 위해 자신의 넓적다리의 살을 베어 불에 태워 재를 만든 후 죽엽수(竹葉水: 대나무 잎을 달인 물)에 타서 드렸다는 것이다. 다행히 살을 베어 낸 곳에 출혈이 많지 않았고 얼마 안 있어 딱지가 졌다고 했다. 이문건은 이 사실을 한 달 뒤에야 알고 감탄을 금치 못했다.

> 1562년 4월 23일. 지난달 아내가 병으로 위급했을 때 숙희가 넓적다리 살을 베어서 올렸다. 살을 벤 곳이 움푹 파였는데, 새살이 돋아 상처가 아물지 않았다. 유모 돌금이 아내에게 말했고, 아내는 오늘에야 비로소 나에게 말했다. 내 마음이 감탄을 금치 못하겠다. 어찌 보통 아이가 할 수 있는 일이겠는가! 옛날 무오년(1558)에 아내가 설사병을 앓았을 때도 숙희는 똥을 맛보며 정성을 다했다. 이번에 아내가 위중했을 때도 날마다 똥을 맛보며 길흉을 살폈으니, 살을 베기만 한 것이 아니었다.[5]

조선 시대에는 부모가 위급할 때 자신의 몸을 희생해 부모의 목숨을 구하는 걸 최고의 효로 여겼는데, 숙희도 그러했던 것이다. 그로부터 한 달 뒤 이문건은 여느 때처럼 숙희에게 『소학』을 가르친 뒤 그 일에 대해 자세히 물었다. 숙희는 처음엔 숨기면서 대답하지 않다가 이문건이 계속 묻자 마지못해 대답했다. 그 얘기를 듣고 난 이문건은 자신의 부인이 다시 살아난 것은 손녀 덕분이라고 하면서, 숙희야말로 진정한 효녀라고 극찬했다.

퇴계 이황의 손자 교육

퇴계는 큰아들 이준을 어렸을 때부터 열심히 가르쳤지만, 이준은 결코 아버지의 기대에 부응하지 못했다. 그래서 퇴계는 다시 큰손자 이안도에게 희망을 걸고 어릴 때부터 온갖 관심을 쏟아 부었다.

그는 손자의 생활과 교육, 과거 시험에까지 적극적으로 관여하며 자신의 뒤를 이어 과거에도 급제하고 학문에도 뛰어난 인물이 되기를 바랐다.

퇴계는 손자를 지극히 사랑하여 안도가 3세가 되었을 무렵에는 가죽신이나 귀걸이 같은 선물을 구해 보내주기도 했다.

> 아몽(손자)의 가죽신은 한손(노비)이 돌아갈 때 미처 사서 보내지 못한 것이 안타까웠는데, 이제 귀걸이와 함께 보내니 그리 알아라.[6]

이 편지는 1543년에 퇴계가 아들 이준에게 보낸 것이다. 아몽은 손자 안도의 아명(兒名)이다. 퇴계는 아들 대신에 손자가 자신의 학문을 잇고 가문을 유지해 주기를 바랐던 듯하다. 그래서 손자의 교육에 아주 열성적이었다. 안도가 5세 때는 『천자문』을 직접 써서 가르쳤고, 8세 때부터는 벌써 『소학』이나 『효경』 같은 유교 경전을 가르칠 정도였다.

이후로도 퇴계는 안도의 교육에 지속적으로 신경을 썼는데, 서로 떨어져 있으면 편지를 보내서라도 항상 열심히 공부하도록 독려했다. 심지어 퇴계는 혼인해서 처가살이를 하고 있는 안도에게 편지를 보내 열심히 공부하라고 다그쳤다. 다음은 퇴계의 나이 60세, 안도의 나이 20세 때인 1560년에 안동 토계의 상계 마을에 머물고 있던 퇴계가 몇 달 전 혼인한 후 안동 와룡산의 현사사에 공부하러 간 안도에게 보낸 편지의 일부이다.

이곳으로 오는 사람을 통해 네가 현사사에 와 있음을 알게 되었다. 하지만 세월은 흐르는 물처럼 빨리 지나가니 더욱 열심히 노력하거라. 요즘 너는 하릴없이 세월만 보내고 있으니, 학업이 진보되지 못함이 전보다 배나 더할까 걱정스런 마음이 놓이질 않는다.

서울에 사는 김취려는 너도 전에 만난 적이 있을 것이다. 오늘 한 선비와 같이 가르침을 받기 위해 서울에서 이곳까지 찾아왔는데 물리치지 못해서 지금 서재에 머물고 있다. 다른 사람들은 이처럼 뜻을 굳건히 가지고 있는데, 너는 부끄럽지도 않느냐? 그가 너를 몹시 만나고 싶어 하지만 너는 자주 왕래할 수 없으니, 설에 와서 만나도 늦지 않을 것이다.[7]

김취려(金就礪, 1526~?)는 퇴계의 제자로 아주 친근한 사이였다. 퇴계는 안도를 김취려와 비교하며 열심히 공부하지 않는 손자를 나무랐다. 이밖에도 퇴계는 자주 김성일(金誠一, 1538~1593)이나 우성전(禹性傳, 1542~1593) 같은 공부를 열심히 하는 제자들과 안도를 비교하며 게으름을 질책하는 한편 은근슬쩍 경쟁을 부추기곤 했다.

이러한 할아버지의 극성스런 교육열 때문인지 안도는 29세인 1569년 서울에서 실시한 과거 시험(소과)에 당당히 합격했다. 69세의 퇴계는 몹시 기뻐하며 안도에게 축하 편지를 써서 보냈다.

네 매부가 내려오는 길에 가지고 온 편지를 받아 보고 그

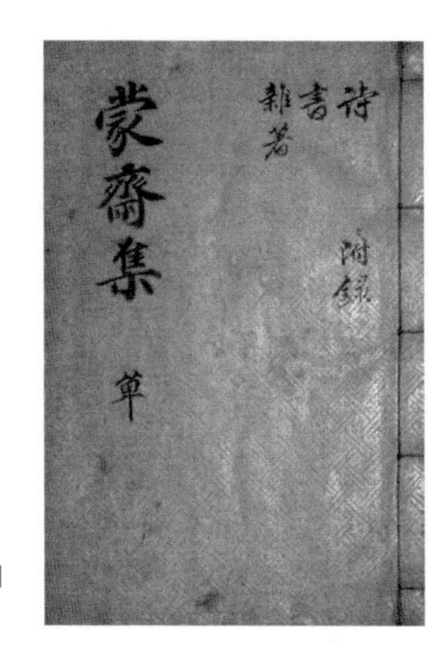

『몽재집』 이안도, 조선, 28.9×19.4cm, 소수박물관 소장. 퇴계의 손자 이안도의 개인 문집

간의 소식을 알게 되었다. 그리고 이달 8일에 명복이(노비)가 와서 네 편지와 서울에서 실시된 과거 시험 합격자 명단을 받아 보고 비로소 너와 다른 많은 사람들이 합격했음을 알게 되니 너무너무 기쁘다. 다만 김부륜이 낙방했으니 안타깝기 그지없는 일이다. 그러나 특별 과거 시험이 곧 있을 것이니, 우연히 한번 낙방했다고 해서 안타까워하고만 있어서야 되겠느냐. 네가 과거 시험에 응시했을 때 제출했던 논문, 과부, 책문은 모두 다 살펴보았다. 논문과 책문은 합당한 점수를 받았지만, 과부는 이보다 못한 점수를 받는 것이 합당할 듯하다.[8]

안도의 합격 소식에 퇴계는 "너무너무 기쁘다"라고 강조해서 말하지만, 곧 안도가 제출한 과거 시험의 답안지를 냉정하게 평가하면서 자만하지 말고 대과 시험을 잘 준비하라고 당부한다.

그럼 이후에 안도는 과연 대과 시험에 합격했을까? 아쉽게도 퇴계의 염원과 달리 시험에서 떨어지고 말았다. 그리고 이듬해인 1570년 퇴계가 70세를 일기로 사망하자, 안도는 더 이상 과거 시험을 보지 않고 퇴계의 연보 편찬과 도산서원 건립에 매진하다가 1584년 44세의 나이로 일찍 사망하고 말았다.[9]

미암 유희춘의 손자 체벌기

미암도 아들 유경렴(柳景濂)이 그리 뛰어난 편이 아니었다. 김인후(金麟厚)의 셋째 딸과 혼인하여 줄곧 처가살이를 했으며, 32세인 1570년에야 미암의 도움으로 영릉 참봉(종9품)이 되었다. 그래서인지 미암은 둘째 손자인 홍문(興文: 유광연柳光延)에게 기대를 걸고 장차 커서 과거에 급제하여 가문을 빛내 주기를 바랐다. 홍문은 큰 손자 유광선(柳光先)보다도 총명했기 때문이다.

미암은 1575년(선조 8)에 퇴임한 후 창평 수국리로 내려오자마자 인근 문수사의 승려 청진을 불러 홍문을 데리고 절에 올라가 『신증유합』을 비롯한 글을 가르쳐 달라고 했다. 『신증유합』은 천자문과 같은 한자 학습서로, 3천 자의 한자를 유형별로 묶어 놓은 것이다. 절에 올라간 홍문은 청진에게 『신증유합』을 배웠는데, 하루에 4행씩 읽고 외웠다.

하지만 홍문은 여전히 놀기를 좋아하는 11세의 어린아이였다. 그는 얼마 안 있어 집으로 돌아와 공부했는데, 날마다 글공부를 게을리 하여 조부모에게 계속 매를 맞았다.

1575년 12월 29일. 홍문이 글공부를 게을리 하고 피해 가기를 잘하므로 부인이 화를 내어 매를 때렸더니 즉시 고쳤다.[10]

1576년 1월 7일. 홍문이 태만하여 글을 읽지 않으므로 내가 손수 네 대의 매를 때렸다.[11]

홍문이 계속 글공부를 게을리 하자, 참다못한 송덕봉이 하루는 미암에게 어려운 문자부터 읽힐 것이 아니라 쉽고 재미있는 문장으로 된 책을 읽혀 보자고 제안했다. 아내의 말대로 다음날 아침부터 미암이 직접 『동몽수지』를 가르쳤더니 홍문도 매우 좋아했다.

얼마 뒤 미암은 또다시 홍문을 절로 보냈다. 아무래도 집에서는 공부를 게을리 하기 때문이었다. 하지만 홍문은 절에 가서도 글 읽기를 게을리 하다가 청진 스님이 종아리를 때리려 하자 즉시 도망쳐 왔다. 게다가 함께 공부하는 아이들과 함께 약초밭에 불을 지르는 사고까지 저질렀다. 다행히 문수사 승려들이 일찍 발견하여 불을 끄긴 했지만, 홍문은 매 맞을 것이 두려워 도망쳐 내려왔다. 이 소식을 들은 미암은 그 죄를 꾸짖으며 또다시 매를 때렸다.

이후 미암은 홍문을 직접 단속하며 가르쳤다. 『신증유합』을 가르쳤더니 워낙 총명하고 기억력이 좋은 아이라 곧 익숙해졌다. 하지만 홍문은 얼마 가지 않아 또다시 말을 듣지 않고 글공부를 게을리 했으며, 화가 난 미암은 이전보다 더욱 심하게 체벌했다.

1576년 4월 6일. 저녁에 홍문이 너무나도 글공부에 게으

르기에 내가 그 머리채를 잡고 단단히 나무랐다.[12]

1576년 4월 18일. 흥문이 교만방자하고 불순하여 내가 크게 화를 내어 묶어 놓고 매를 때렸다.[13]

그만큼 손자 홍문에 대한 미암의 기대가 컸던 것이다. 급기야 온 동네가 떠들썩할 정도로 큰 사건이 벌어지고야 말았다. 참다못한 미암이 점잖은 양반이라고는 믿기지 않을 정도로 아주 심하게 홍문을 때렸다.

1576년 4월 19일. 흥문이 너무나도 거만하고 사나워 불러도 오지 않으므로, 내가 화를 견디지 못해 그 머리채를 잡고 주먹으로 볼기를 쳐서 똥을 싸기까지 했다. 부인과 며느리가 달려와서 말리므로 나는 놔줬다. 광선이 자기 동생이 자꾸만 나를 화내게 만들어서 미안하게 여긴다.[14]

혹독한 체벌 이후로 홍문은 할아버지를 무서워하며 말도 잘 듣고 공부도 열심히 하려 했다.

1576년 4월 21일. 흥문이 그저께 매를 맞은 뒤로는 무서워하여 글공부에 힘을 쓴다. 내가 부르는 소리를 들으면 즉시 오기도 한다. 오늘 아침에는 어제 배운 것을 외우고 말하기를, "제가 세 번이나 할아버지를 화나시게 하여 매를 맞았는데, 앞으로는 영원히 게으른 버릇을 고치고 부지런히 글을 읽겠습니다" 하였다. 제 어미 김씨도 "할아버지가 네게 글을 몹시 읽히고 싶어서 커다란 먹을 주시면서까지 달래는데, 너는 왜 글을 안 읽니?"라고 하였다.[15]

할아버지에게 단단히 혼이 나서인지, 모처럼 홍문이 깊이 반성하고 앞으로는 열심히 공부하겠다고 다짐하고 있다. 그 어미도 홍문을 꾸짖으며 은근슬쩍 시아버지의 마음을 풀어주려 하고 있다.

이와 같이 조선 시대에는 할아버지가 손자 교육에 직접 관여하였다. 특히 아들의 자질이 부족해 가문의 기대에 부응하지 못할 경우 손자 교육에 더욱 열성을 다했다. 하지만 손자를 양육하고 가르치기가 어디 쉬운 일이던가.

10장
임신과 출산 그리고 육아

목숨을 담보로 한 출산

여자의 영역인 임신과 출산, 육아에도 남자가 적극적으로 참여하고 도왔다.

농업국 조선에서 임신, 출산, 육아는 노동력을 얻기 위해서도 매우 중요한 일이었다. 그래서 고대로부터 세쌍둥이, 네쌍둥이를 낳을 경우 국가에서 상을 내리곤 했다.[1] 또한 유교 사회인 조선에서는 결혼해서 대를 이을 자식을 낳는 것을 매우 중요하게 여겼다. 무후(無後), 즉 자식이 없는 것을 가장 큰 불효로 여겼으며, 여자의 칠거지악 중에도 자식을 못 낳는 것이 포함되어 있었다. 게다가 조선 후기엔 가문 중심의 사회가 도래하면서 그 집안의 가계를 계승할 아들의 출산을 하나의 의무처럼 여겼다. 아들을 낳는 것이 효의 으뜸이고 조상에 대한 의무였다.

의학이 발달하지 않은 조선 시대에 출산은 목숨을 담보로 하는 아주 위험한 일이었다. 실제로 당시 여성들은 출산 도중에 사망하

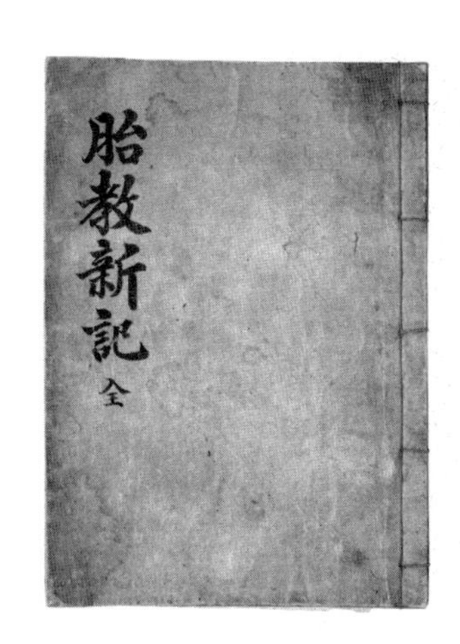

『태교신기언해』 1938년 채한조방 석판본, 25.1×18.5cm, 국립한글박물관 소장

거나 후유증으로 사망하는 경우가 대단히 많았다. 조선 후기 노철(盧哲, 1715~1772)과 노상추 부자의 경우를 예로 들 수 있다. 아버지 노철의 첫째 부인인 완산최씨는 아들을 낳고 며칠 만에 사망했다. 둘째 부인 풍양조씨는 딸을 낳고 일주일 만에 사망했다. 아들 노상추 역시 세 번이나 혼인했는데, 첫째 부인과 셋째 부인 모두 출산으로 인해 사망했다.[2] 조선 시대에 남자가 여러 차례 혼인한 데에는 출산으로 인한 아내의 사망도 한 이유가 되었을 것이다.

이사주당(李師朱堂, 1739~1821)이 『태교신기』(胎教新記)를 저술한 것도 출산 과정에서 많은 여자가 사망하기 때문이었다. 『태교신기』는 이사주당이 62세 되던 해인 1800년에 완성한 책인데, 이 책의 저술 목적은 표면적으론 태교, 즉 태아 교육을 잘해 어질고 효성스러운 자식을 낳고자 하는 데 있었다. 기질적으로 타고난 자식의 병은 모두 부모로부터 연유한다고 하여 태교가 얼마나 중요한 것인지 설명하고, 태교를 잘한 옛사람의 사례, 태교를 못해

불초(不肖)한 자식을 낳은 사례를 이야기했다.

하지만 실질적으론 임신과 출산에 관한 지식을 체계화한 것으로, 임산부가 몸 관리를 잘해 무사히 해산할 수 있도록 돕기 위한 책이었다.[3]

이사주당은 임산부가 몸가짐을 삼가지 않으면 향후 자식의 재주만이 아니라 장애, 병, 낙태, 난산, 요절 등 갖가지 문제를 일으킬 수 있다고 했다. 또한 태교는 임산부만이 아니라 온 집안사람들이 함께해야 함을 강조했다.

> 태(胎)를 기르는 자는 그 자신만이 아니라 온 집안사람들이 항상 거동을 조심해야 한다. 임산부에게 분한 일을 듣게 해서는 안 되나니 그로써 성낼까 걱정해서이고, 흉한 일을 들려주어서는 안 되나니 그로써 두려워할까 걱정해서이며, 난처한 일을 들려주어서는 안 되나니 그로써 근심할까 걱정해서이고, 급한 일을 들려주어서는 안 되나니 그로써 놀랠까 걱정해서이다. 성내면 태아의 피를 병들게 하고, 두려워하면 태아의 정신을 병들게 하며, 근심하면 태아의 기를 병들게 하고, 놀래면 태아가 전간(간질)이 들게 되느니라.[4]

이사주당은 임산부에게 해산이 다가오면 이렇게 준비하라고 당부했다.

> 임산부가 해산을 당하매 음식을 먹어 든든히 하며, 천천

히 다니기를 자주하고, 잡인을 가까이하지 말고, 유모를 반드시 가려 뽑아야 한다. 출산할 때는 아파도 몸을 비틀지 말며, 뒤로 비스듬히 누우면 해산하기 쉬우니, 이것이 임산부가 해산을 당했을 때 해야 할 방법이니라.[5]

과학적인 내용은 아니지만, 임산부가 생명을 잃지 않고 무사히 해산할 수 있기를 기원하는 마음이 담겨 있다.

출산과 육아 풍속

묵재 이문건은 기대에 못 미친 아들을 대신할 손자의 탄생을 고대했다. 그러니 며느리의 출산과 양육에 더욱 신경을 쓸 수밖에 없었다. 특히 이문건은 손자의 출산과 양육 과정을 자신의 유배 일기인 『묵재일기』뿐만 아니라, 별도로 육아 일기인 『양아록』에 꼼꼼히 기록해 두었다. 이 기록들을 통해 조선 시대 남자의 임신, 출산, 육아 참여 모습을 자세히 살펴볼 수 있다.

이문건은 며느리의 출산일이 다가오자 날마다 며느리가 있는 아래채로 내려가 출산 기미를 살펴보고 일기에 기록했다. 당시 이문건은 위채에 살았고, 부인과 며느리는 아래채에 살고 있었다.

> 1551년 1월 1일. 아침에 내려가서 며느리를 보고 왔다. 임산부의 건강은 평안한데, 다만 배가 내려앉은 듯 보였다. 산통이 약하게 있는 상황이라고 여종들이 말했다.[6]

며느리가 며칠이 지나도 해산할 기미가 없자, 이문건은 점쟁이를 불러 점을 쳐 본다. 초조한 이문건에게 점쟁이는 딸을 낳을 것이고 태어날 시간은 자시, 묘시, 유시라고 했다. 하지만 이튿날 며느리가 드디어 출산을 했는데, 점괘와 달리 건강한 사내아이를 낳았고 그 시간은 진시(오전 7시~9시)였다. 점괘가 완전히 틀렸다. 이문건은 아이가 태어나자마자 며느리에게 감초탕과 붉은 빛깔의 꿀을 먹게 하고, 또 사주를 볼 때는 태어난 시간이 중요하므로 해시계를 가져다가 정확한 시간을 재어 보았다. 이문건은 아이의 이름을 나중에 성장하면 길하라는 뜻으로 '숙길'(淑吉)이라 지었다. 또 여종들을 시켜 태를 가지고 시냇가에 가서 깨끗이 씻은 다음 항아리에 담고 기름종이를 덮어 끈으로 묶어 가지고 오도록 했다. 그러고는 다시 노비들을 시켜 인근의 태봉(胎峯)에 가서 조심스레 파묻고 오도록 지시했다.

한편, 이문건은 아이의 유모를 구하는 데도 최대한 신중을 기했다. 유모는 아이를 낳은 여종 가운데 성품이 원만한 이로 삼고자 했는데, 그런 여종을 구하기가 쉽지 않았다.

이문건은 처음엔 아이가 있는 여종 눌질개를 유모로 삼았는데, 다행히 그녀는 유모 일을 싫어하지 않았다. 또 다른 여종 춘비도 있었으나 젖이 많지 않고 성질도 매우 험악해서 유모로 삼지 않았다. 하지만 얼마 안 있어 눌질개가 자기 자식을 키우고 싶어서 젖이 없다고 핑계 대며 유모에서 벗어나고자 하니, 이문건은 어쩔 수 없이 눌질개 대신 춘비를 숙길의 유모로 삼았다. 그런데 춘비는 아이를 성실히 돌보지 않아서 10여 일도 못 되어 내쫓아 버렸다. 대신 숙희의 유모였던 돌금을 다시 숙길의 유모로 삼았다. 그나마

돌잡이하는 모습 《평생도》(平生圖) 〈초도호연〉(初度弧宴, 부분), 필자 미상, 20세기, 종이, 110.2×51.5cm, 국립중앙박물관 소장

돌금은 아이를 성심성의껏 돌보는 편이었다.

이문건은 이후로도 계속 하루에 두세 번씩 아래채로 내려가 손자를 보고 왔다. 숙길은 여느 아이들처럼 설사, 눈병, 이질, 학질, 종기 등 갖가지 병에 걸리거나 심지어 벼룩에 물리고 고양이가 할퀴기도 했다. 숙길은 생후 4개월이 되자 일어나 앉고, 7개월이 되자 이가 났으며, 8개월이 되자 기어 다니고, 11~12개월이 되자 일어서서 걸음마를 시작했다. 이 모든 성장 과정이 기록으로 남았다.

드디어 1552년 태어난 지 1년이 되자, 이문건은 자못 성대하게 돌잔치를 베풀었다.

> 1552년 1월 5일. 숙길의 생일이어서 일찍 내려가서 보고 서책, 붓, 먹, 벼루, 활과 화살, 도장, 흙가락지, 쌀, 실, 떡

등 여러 물건을 방 가운데에 대자리를 펼치고 늘어놓았다. 동쪽 벽 아래에 숙길을 앉혀서 놓아두고 그를 보았는데, 포복하여 대자리 끝에 와서 열심히 보더니 오른손으로 붓과 먹을 골라 오랫동안 갖고 놀았으며, 또한 흙가락지를 잡고 어루만지며 놀기를 너무 오랫동안 하였다. 또한 활을 잡고 놀았으며, 또한 앞 창문에 가서 섰다가 다시 쌀그릇 옆에 앉아서 손으로 쌀을 잡았다가 다시 앞으로 옮겨서 도장을 잡고 놀았는데 오랫동안 잡고서 놓지 않았다. 또한 책을 열어서 책장을 읽는 듯하다가 다시 쌀알을 접하였다가 다시 실을 잡고 흔들었다. 드디어 그것을 치우고 당으로 돌아왔다.[7]

돌잡이를 한 것인데, 여러 가지 물건을 진열해 놓고 아이가 다가와 무엇을 잡는가를 보며 아이의 미래를 점쳐 보고 있다. 숙길은 차례대로 붓과 먹, 활, 쌀, 도장 등을 잡았는데, 『양아록』에는 그에 따라 나중에 무엇이 될지 이문건의 점치는 모습이 잘 나와 있다.

첫 번째, 붓과 먹을 집다.
장난감 높이 쌓아 놓고 장차 무엇이 될지 시험해 보는데
기어와 살펴보더니 붓과 먹을 집는다.
손을 들어 소리를 지르며 한참을 가지고 노는 것이
훗날 진실로 문장을 업으로 삼을 듯하다.

두 번째, 흙가락지를 집다.

금과 옥이 장식된 아주 귀하고 소중한 흙가락지를 집어 들고
작은 구슬을 거듭 살펴본다.
은근히 바라건대 너는 마침내 너그러운 성품을 갖추어
따뜻하고 인정이 있으며 순수하고 굳센 마음으로
성인과 더불어 살아가라.

세 번째, 활을 집다.
남자는 세상에 나오면 동서남북에 두루 뜻을 두어야 하는데
문장과 계책, 무예와 책략에 모두 뛰어나야 할 것이다.
활을 잡고 육예(六藝)를 익히는 것은 진실로 너의 일이다
도를 배움에 당기고 펼치는 것이 필요하지만
강건함이 있어야 빼어난 인재가 된다.

네 번째, 쌀을 집다.
장난감을 놓더니 다시 쌀을 끌어당겨
손에 쥐고 입에 넣어 서너 번 맛을 본다.
백성들의 목숨은 곡식이 있어야 유지되듯이
도를 따라야 모름지기 몸이 편하고 즐거워진다.

다섯 번째, 도장을 집다.
각진 나무를 깎아 글씨를 새겨 넣고
시험 삼아 점을 치니 관직에 오를 좋은 징조가 보인다.
주위를 돌아보다 마침내 도장을 집어 드는구나

반드시 어진 신하 되어 성군을 도우라.[8]

이후로도 이문선은 숙길이 혹 아프거나 다치지나 않을까 노심초사하면서 애지중지 키웠다. 그리고 여섯 살이 되자 본격적으로 같이 자며 『천자문』부터 글을 가르치기 시작한다.

육순 노인이 달리 무엇을 구하겠니?

연암 박지원은 아들이나 며느리에 대한 사랑도 대단했지만, 손자 효수(孝壽)의 출산과 양육에도 많은 관심을 갖고 적극적으로 참여했다. 연암은 며느리가 해산할 때 무척 신경을 썼는데, 시어머니가 세상을 떠나고 곁에 없으니 더욱 며느리를 걱정하지 않을 수 없었다.

> 이번 달이 네 처가 해산하는 달이라 밤낮 마음을 졸이며 기다리고 있다. 다만 달이 임박했는데 간호할 사람이 없으니 이 점이 걱정스런 일이다. 안동 진사댁(처남댁으로 추정)이 좀 와서 있으면 어떻겠느냐?[9]

1796년 안의 현감 시절에 큰아들 박종의에게 보낸 편지의 일부분이다. 며느리의 해산일은 다가오는데 곁에서 도와줄 사람이 없어 무척 걱정하는 모습이다. 이후 며느리의 해산 소식을 전해 들은 연암은 매우 기뻐하는 한편 산후 복통에 좋은 약의 처방법을 일러준다. 시어머니가 곁에 없으니 시아버지가 며느리의 산후조리까

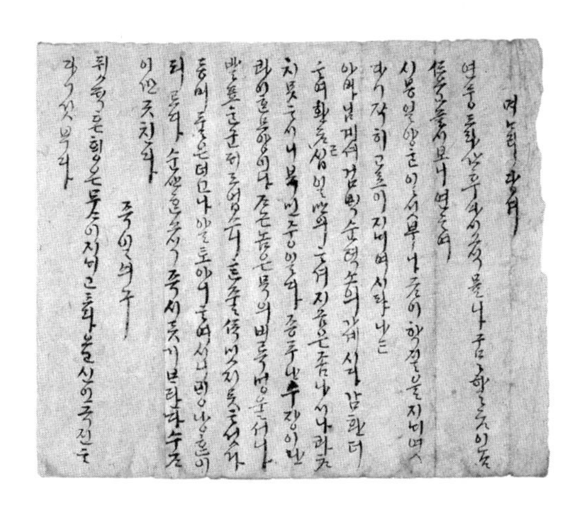

시아버지가 며느리에게 보낸 편지 19세기 후반 이후 조선, 종이, 25.6×31.1cm, 국립한글박물관 소장. 시아버지가 출산을 앞둔 며느리에게 보낸 편지인데, 며느리의 순산을 기원하는 내용이 담겨 있다.

지 챙긴다.

> 초사흗날 관아의 하인이 돌아올 때 기쁜 소식을 갖고 왔더구나. "응애 응애!" 우는 소리가 편지 종이에 가득한 듯하거늘, 이 세상 즐거운 일이 이보다 더한 게 어디 있겠느냐? 육순 노인이 이제부터 손자를 데리고 놀 뿐 달리 무엇을 구하겠니? 또한 초이튿날 보낸 편지를 보니 산모의 산후 여러 증세가 아직도 몹시 심하다고 하거늘 퍽 걱정이 된다. 산후 복통에는 모름지기 생강나무를 달여 먹여야 하니 두 번 복용하면 즉시 낫는다. 이는 네가 태어날 때 쓴 방법으로 늙은 의원 채응우의 처방인데 특효가 있으므로 말해 준다.[10]

손자 효수가 태어났다는 소식에 연암은 마치 세상을 다 가진 것처럼 기뻐했다. 예나 지금이나 노년이 되면 손자를 보고 싶어 하는 건 마찬가지였던 듯하나. 또 며느리가 산후 복통이 심하다는 소식에 연암은 아들이 태어날 때를 떠올리며 생강나무를 달여 먹었더니 효험이 있었다고 알려준다.

연암은 효수의 양육에도 많은 관심을 쏟았다. 한번은 큰아들에게 편지를 보내 손자의 모습에 대해 좀 더 자세히 적어 보내라고 재촉하기도 했다.

> 너의 첫 편지에서는 "태어난 아이가 얼굴이 수려하다"고 했고, 두 번째 편지에서는 "차츰 충실해지는데 그 사람됨이 평범치 않다"라고 했으며, 네 동생 종채의 편지에서는 "골상이 비범하다"고 했다. 대저 이마가 툭 튀어나왔다든지 모가 졌다든지, 정수리가 평평하다든지 둥글다든지 하는 식으로 왜 일일이 적어 보내지 않는 거냐? 궁금하다.[11]

이후로도 연암은 틈나는 대로 아들에게 편지를 보내 손자를 조심히 키우라고 당부했다. 효수는 눈에 넣어도 아프지 않을 사랑스런 손자였다.

> 날씨가 아직 더워 구들막이 찌는 듯하니 아기 키우기가 퍽 힘들겠구나. 더군다나 방에 있는 것이 전부 아기 입에 넣을 물건임에랴. 반드시 경교댁의 어린 여종을 빌려다가 정성껏 외랑(바깥채)에서 돌보게 하고, 안방에는 들이지

않는 게 어떻겠느냐? 귀봉이(노비)는 술주정이 있는데 지금은 심하지 않니? 그는 술만 마시면 엉망이니 아이를 안지 못하게 해라. 웃는다, 웃어.[12]

연암의 손자 사랑을 가장 잘 보여 주는 편지라 하겠다. 안방에는 바늘이나 가위 같은 아기에게 위험한 물건이 많으니 보모를 시켜 아예 바깥채에서 돌보도록 하고, 술주정이 심한 종에게는 아이를 안지도 못하게 하라는 것이다. 이렇게 말한 뒤 연암은 스스로 생각해도 너무 지나치다 싶었는지 "웃는다, 웃어" 하며 겸연쩍게 웃는다.

산기가 있거든 즉시 사람을 보내소

아내가 출산할 때 남편은 어떻게 대처했을까? 조선 시대 남편의 출산 참여 모습은 17세기 곽주의 편지에 잘 나타나 있다. 당시 곽주는 아내 하씨와 따로 지냈다. 아내가 전처 자식, 첩들과 갈등을 겪다가 분가했기 때문이다. 출산일이 다가온 아내가 아무런 소식이 없자 애가 탄 곽주는 아내에게 산기(産氣)가 있거든 즉시 사람을 보내 알려달라고 편지를 써서 보낸다.

아이들 데리고 추위에 어찌 계신고. 기별 몰라 한 때도 잊은 적이 없으되 안부 전하는 사람도 못 부리는 내 마음을 어디다가 비할꼬. 아이들 얼굴이 눈에 암암하니 나의 갑

갑한 뜻을 누가 알꼬.

자네는 가슴 앓던 데가 이제 완전히 좋아져 계신가. 내 마음 쓰일 일이 하도 많으니 자네라도 몸이 성하면 좀 좋을까. 아버지께서 오늘 가라 내일 가라 하시되 한 번도 딱 정하여 가라는 말씀을 아니하시니 민망함이 가이없네. 산기가 시작되거든 아무쪼록 부디 사람을 보내소. 밤중에 와도 즉시 갈 것이니 부디 즉시즉시 사람을 보내소. 즉시 오면 비록 종일지라도 큰 상을 줄 것이니, 저들에게 이대로 일러서 즉시즉시즉시 보내소. 어려워 마소. 여러 날 끌게 되면 자네만 고생하고 정히 나만 고생을 아니할 것이니 소홀히 마소.[13]

곽주는 아버지가 딱히 아내에게 가 보라 말씀이 없어 안타깝고 답답한 상황이다. 그러니 출산 기미가 있거든 즉시 사람을 보내 알려달라고 거듭 당부한다. 심지어 그는 즉시 알려준 노비에게는 큰 상을 줄 것이라고 말한다. 그렇지 않으면 아내 혼자서만 고생할 것이라며 발을 동동 구른다.

이후로도 아내의 기별이 없었다. 아마도 출산일이 되도록 찾아오지 않는 남편이 야속해서 아무런 기별도 하지 않았던 듯하다. 그럼에도 곽주는 여전히 아내에게 가지 않은 채 출산 기미가 있으면 즉시 사람을 보내 알리라고만 재촉했다. 그와 함께 산모에게 좋은 약들을 챙겨서 보내주기도 했다.

이달이 다 저물어 가되 지금까지 아기를 낳지 아니하니

> 정녕 달을 그릇 헤아렸는가 하네. 오늘 기별 올까 내일 기별 올까 기다리다가 불의에 언상(노비)이 다다르니 내 놀란 뜻을 자네가 어찌 다 알꼬. 부디 산기가 시작되면 사람을 즉시 보내소. 비록 쉽게 낳을지라도 부디 사람을 보내소. 남자 종이 없을지라도 여자 종이나마 즉시즉시 보내소. 기다리고 있겠네.
> 종이에 싼 약은 내가 가서 달여 쓸 것이니, 내가 아니 가서는 자시지 마소. 꿀과 참기름은 반 잔씩 한데 달여서 아이가 돈 후에 자시도록 하소. 염소 중탕도 싼 약과 함께 갔거니와 염소도 나 간 후에 자시도록 하소. 진실로 산달이 이 달이면 오늘 내일 안으로 아이를 낳을 것이니, 산기가 시작하자마자 부디부디 즉시즉시 사람을 보내소.
> 정례(딸)는 어찌 있는고. 더욱 잊지 못하여 하네. 비록 또 딸을 낳아도 절대로 마음에 서운히 여기지 마소. 자네 몸이 편하면 되지 아들은 관계치 아니하여 하네. 장모께는 종이가 없어서 안부도 못 아뢰니 이런 까닭을 여쭙고, 아이 낳기를 시작하면 즉시 사람을 보낼 일을 좀 아뢰소.[14]

"부디부디", "즉시즉시"라는 거듭된 당부에서 곽주의 간절함이 느껴진다. 곽주는 순산하는 데 좋다는 꿀과 참기름, 산후조리에 좋다는 약과 염소를 중탕하여 고아 놓은 것을 챙겨서 먼저 보낸다. 당시엔 미끌미끌한 꿀과 참기름이 순산하는 데 도움이 된다고 여겼던 듯하다. 끝으로 곽주는 또 딸을 낳아도 자신은 결코 서운하게 생각하지 않는다면서 무엇보다 아내의 건강을 기원한다.

이와 같이 조선 시대 남자들은 임신과 출산, 육아에 많은 관심을 갖고 적극적으로 참여했다. 당시 출산은 목숨이 위태로운 위험한 일이었기 때문에, 친정어머니나 시어머니가 있건 없건 남자들이 아내나 며느리의 해산에 깊이 관여하며 무사히 아이를 낳을 수 있도록 전심전력했다. 조선 시대 임신과 출산 및 육아는 가족 모두가 참여하는 중요한 집안 행사였다.

11장
원예 취미와 정원 가꾸기

꽃을 든 남자

조선 시대에는 꽃과 나무를 심고 가꾸는 남자들이 많았다. 자신이 키우는 식물에 대해 시와 산문을 짓고 식물을 키우는 것에 관한 책을 쓰기도 했는데, 이러한 원예 취미와 정원 가꾸기는 중요한 집안 살림의 일부이기도 했다.

사랑채의 뜰 앞에는 석류나 파초 등을 심었고, 담장 주변에는 밖을 내다볼 수 있도록 키 작은 나무를 심었다. 후원에는 앵두나 살구, 복숭아, 대추, 감나무 같은 과일 나무를 주로 심었는데, 그중 대추와 감은 제사에 쓰이기도 했다. 후원의 울타리엔 흔히 대나무를 심었는데, 대나무는 다양한 생활용품을 만드는 데 유용할 뿐 아니라 맹수의 침입을 막거나 바람을 막아 주었다.[1]

특히 18세기 중반 이후 근기(近畿) 지역에서 원예 취미와 정원 조성이 유행했다. 서울과 평양, 개성 등지에서 집집마다 꽃과 나무를 심고 정원을 조성하는 풍조가 만연했다. 18세기 중반의 시

〈**매화초옥도**〉 전기(田琦, 1825~1854), 조선, 종이, 29.4×33.3cm, 국립중앙박물관 소장

인 이봉환(李鳳煥, 1710~1770)은 꽃을 가장 빼어난 천지의 조화라 했고, 이가환(李家煥, 1742~1801) 역시 꽃을 가꾸어 구경하는 것이 천지 사이의 최고의 유희라 했다. 그에 따라 조선 후기엔 화훼 시장이 매우 활성화되었고, 꽃의 품종을 개량하는 전문가도 많았다.[2] 정원의 꽃과 나무는 집안의 중요한 볼거리이자 즐길 거리였고, 산수 간에서 노니는 즐거움을 대신할 수 있었다.

조선 후기의 대표적인 문필가 심노숭(沈魯崇, 1762~1837)은 아내의 무덤가에 나무를 심는다는 뜻의 「신산종수기」(新山種樹記)라는 글을 남겼다.

남산 아래의 내 집은 예로부터 꽃과 나무가 많았으나 날로 황폐해졌으니, 나의 게으른 성격 때문이기도 하지만 집이 낡아서 꽃과 나무까지 아울러 가꾸기 싫은 데서 말미암은 것이기도 하다.

한번은 아내가 이렇게 말했다.

"다른 집들을 보면 남편이 꽃과 나무에 대한 벽(癖)이 심해서 어떤 이는 방에 들어와 비녀와 팔찌를 팔기까지 한다는데, 당신은 이와 반대로 집이 낡았다고 꽃과 나무까지 내팽개쳐 두고 계십니다. 집은 비록 낡았어도 꽃과 나무를 잘 가꾼다면 또한 집의 볼거리가 되지 않겠어요?"

내가 대답했다.

"그 꽃과 나무를 가꾸려 한다면 집 또한 손볼 수 있을 것이오. 다만 나는 여기서 오래 살 생각이 없으니 어찌 남의 볼거리를 위해 마음을 쓸 필요가 있겠소? 늙기 전에 당신과 함께 고향 파주로 돌아가 새 집을 짓고 꽃과 나무를 심어 그 열매는 따서 제사상에 올리거나 부모님께 바치고, 꽃은 구경하면서 당신과 함께 머리가 다 세도록 즐기고 싶소. 그게 내 생각이라오."

그 말에 아내가 희희낙락하였다.[3]

조선 후기에 오면 꽃과 나무를 기르는 데 빠져 아내의 패물을 내다 파는 남자들도 있었던 듯하다. 아름다운 꽃과 나무는 볼거리, 즐길 거리를 넘어 사람의 심성을 기르는 중요한 도구였다. 심노숭은 『자저실기』(自著實紀)에서 이렇게 얘기했다.

분재와 꽃을 파는 상점의 모습 《태평성시도》(太平城市圖, 부분), 필자 미상, 조선, 비단, 각113.6×49.1cm, 국립중앙박물관 소장. 인파가 붐비는 거리에 분재와 꽃을 파는 가게가 보인다.

> 연못과 누대, 화단과 정원, 그리고 이름난 꽃과 아름다운 나무는 사람의 심성을 기르게 한다. 따라서 그것을 완물상지(玩物喪志: 물건에 집착하다 큰 뜻을 잃음)라고 하면 옳지 않다. 나는 젊었을 때 그것에 뜻을 두었고 나이가 들어 더 심해졌으나, 아직까지 제대로 누리지 못한 것은 재물이 없어서이다.[4]

심노숭은 젊어서나 나이가 들어서나 꽃과 나무를 심으며 정원 가꾸기에 빠져 살았는데, 그것은 단순히 물건에 대한 집착이 아니라 사람의 심성을 기르는 효과가 있기 때문이었다.

소남(小楠) 심능숙(沈能淑, 1782~1840)은 계절마다 피어난

〈**국화도**〉**(菊花圖)** 조선, 종이, 허련(許鍊, 1808~1893), 22.5×32cm, 국립광주박물관 소장. 늦가을 추위와 찬 서리를 견디며 늦게까지 꽃을 피우는 국화는 덕과 지조를 갖춘 군자에 비유되었다.

꽃들을 완상하며 다양한 시문을 지었는데, 심능숙의 집 정원에는 온갖 꽃과 나무가 가꾸어져 있어 철마다 곱고 아름다운 꽃들을 즐길 수 있었다. 특히 그는 국화를 매우 좋아했는데, 그중에서도 일본에서 들여온 희고 큰 국화인 백운타(白雲朶)에 빠져 여러 편의 시와 산문을 남겼다.

> 근래에 일본산 국화가 많이 들어오는데 꽃잎이 털처럼 수북할 뿐 칭찬할 만한 것이 없었다. 갑오년(1834)에 일본에서 국화 한 종을 구입해 왔는데, 줄기가 자줏빛이 나며 길고 잎이 살져 오대국과 비슷하였다. 삼학(국화의 한 종류)과 때를 같이하여 피는데, 꽃 모양이 크기는 넓고 둥근

모란 같고, 두께는 백 겹 천 겹으로 마치 조가비를 잘라서 비단처럼 묶은 듯했다. 꽃의 색은 밝기가 수정과 옥이 푸른빛 무리를 은은하고 곱게 띤 것과 같아 아주 희지 않고 푸른빛이 돌았다. 꽃받침도 드리워져 있는데 둥글게 굽이져 마치 제멋대로 같지만 꽃송이가 무거워서 가지가 꽃송이를 이기지 못하기 때문이다. 꽃잎은 길어서 긴 털이 차례를 지어서 우러러 꽃심을 보호하고 있는데, 굳세어 살아 움직이는 듯했다. 물을 주면 고운 빛깔을 더하고, 시간이 오래될수록 색이 더욱 하얗게 된다. 땅에 꺾꽂이를 하면 뿌리가 나고 꽃이 피는데, 그 꽃이 더욱 크다. 이것이 이 꽃의 성질이다. 서리를 맞은 뒤의 향기는 특히 빼어나서 향기를 맡으면 가슴이 탁 트이는 듯하다. 이것이 또 삼학이 이 꽃에 미치지 못하는 이유이니, 비로소 이 꽃이 국화의 종족 중에 속세의 허물을 벗은 꽃인 줄 알겠다. 꽃의 이름은 백운타이다.[5]

심능숙의 「백운타기」(白雲朶記)의 일부분이다. 일본에서 들여온 백운타에 대해 자세히 설명하고 있는데, 꽃과 줄기, 잎 등의 생김새로 보아 오늘날 장례식장 등에서 쓰는 하얗고 큰 국화와 유사한 품종이 아닐까 한다. 심능숙은 그것을 속세의 허물을 벗은 꽃, 즉 신선의 풍모를 지닌 꽃으로 극찬하고 있다.

연암 박지원의 정원 가꾸기

연암 박지원은 평소 정원 가꾸기에 관심이 많았던 듯하다. 연암의 집은 오늘날 종로구 안국동 부근에 있었는데, 외지에서 관직 생활을 하고 있을 무렵 팥배나무 한 짐을 구해 집에 있는 큰아들 박종의에게 보내며 정원에 잘 심고 보호하도록 당부한다.

> 팥배나무 한 짐을 어렵게 구해 보내니 잘 심도록 하고, 또 잘 단속하여 남들이 뽑아 가지 못하게 해라. 정원의 나무들이 그 사이에 많이 없어졌다고 하니 참으로 통탄할 일이다.[6]

1792년부터 4년 2개월 동안 경상도 함양군 안의면의 현감으로 재직한 연암은 관아에 기가 막힌 정원을 꾸몄다. 이와 관련해 둘째 아들 박종채가 『과정록』(過庭錄)에다 기록을 남겼다.

> 안의는 본래 산수가 빼어난 고을로 일컬어졌으며, 심진동(尋眞洞) 원학동(猿鶴洞) 등의 명승지가 있었다. 아버지는 만년에 가난 때문에 벼슬하여 고을 원이 되셨는데, 이곳의 아름다운 산수와 대나무에 퍽 만족해하셨다. 관아 한 곳에는 2층으로 된 창고가 있었는데, 황폐하여 퇴락한 지 이미 오래였다. 이에 그것을 철거하여 평평하고 넓은 수십 보의 땅을 확보했다. 마침내 연못을 파고 아래위로 개울물을 끌어들여 물을 채워 고기를 기르고 연꽃을 심으니

강세황이 상상한 이상적인 정원의 모습 〈지상편도〉(池上篇圖, 부분), 강세황(姜世晃, 1713~1791), 조선, 종이, 20.3×61cm(두루마리), 개인 소장. 당나라 시인 백거이(白居易)가 만년에 정원을 조성하여 즐긴 일을 소재로 「지상편」(池上篇)이란 시를 썼는데, 이 그림은 이 시를 구현한 것이면서, 동시에 강세황이 살던 당대인들이 상상하던 이상적인 정원의 모습을 그린 것이다.

은연중 물아일체의 흥취를 즐길 수 있었다. 그리고 못가에 집을 짓고 벽돌을 구워 담을 쌓았는데, 이는 중국의 집 짓는 것을 본뜬 것이었다. 긴 대나무와 무성한 숲은 푸르스름한 빛을 띠어 정말 사랑스러웠다. 집에는 저마다 이름을 붙였는데, 하풍죽로당, 연상각, 공작관, 백척오동각이 그것이다. 아버지는 이들 각각에 대해 기문도 지으셨는데, 그 글이 문집에 실려 있다.[7]

안의 현감에 부임한 연암은 관아 한쪽의 필요 없는 창고를 철거한 뒤 그 터에 연못을 파고 연꽃을 심어 멋들어진 정원을 만들었다. 또 연못가에는 이국적인 중국식 벽돌집도 지었는데, 긴 대나무 숲과 어우러져 운치 있었다. 머릿속으로 대강 그려 보아도 연암의 정원을 꾸미는 규모와 솜씨가 뛰어났음을 알 수 있다.

다산 정약용의 정원 꾸미는 법

다산 정약용은 젊어서부터 채마밭뿐만 아니라 정원 꾸미기에도 관심이 많았다. 다산은 젊은 시절 명례방(현 명동)에 살았는데, 그곳엔 아침저녁으로 산책하며 완상할 만한 연못이나 동산이 없었다. 그래서 집안의 뜰을 반으로 갈라 구획을 정하고 좋은 꽃이나 과일나무를 구해 심거나 혹은 화분에 심어 놓기도 했다. 다산의 정원 꾸미는 법은 「죽란화목기」(竹欄花木記)라는 글에 잘 나와 있다.

> 석류 중에서도 잎이 두텁고 크며 열매가 단 것을 해석류라고도 하고 왜석류라고도 한다. 왜석류가 네 그루다. 줄기가 곧장 한 길 남짓 솟아오르고 곁가지가 없으며, 위에는 쟁반 모양으로 둥글게 된 것이 한 쌍이다. 석류 중에 꽃만 피고 열매는 열리지 않는 것을 꽃석류라 하는데, 꽃석류가 한 그루다. 매화가 두 그루다. 세상이 숭상하기로는 오래된 복숭아나무나 살구나무의 뿌리 중 썩어서 뼈처럼 된 것을 가져다가 괴석 모양으로 조각해서 매화는 겨우 작은 가지 하나만을 그 곁에 붙여 놓은 것을 기이하다고 친다. 그러나 나는 뿌리와 줄기가 견실하고 가지가 번창한 것을 좋은 것이라고 생각한다. 그것은 이런 나무가 꽃이 아름답기 때문이다. 치자가 두 그루다. 두보(杜甫)는 "치자는 다른 나무에 비해 인간 세상에는 진실로 많지 않다"고 하였으니, 역시 희귀한 것이다. 동백이 한 그루다. 금잔화와 은대화 네 포기를 한 화분에 심은 것이 한 개다.

돗자리만 한 파초가 한 그루요, 나이가 두 살 된 푸른 오동이 두 그루, 만향이 한 그루다. 각종의 국화가 열여덟 개의 화분에 담겼고, 부용 화분이 한 개다. 그런 다음 오가는 종들이 옷자락으로 꽃을 건드리지 않도록 서까래처럼 나무를 구해 그 동북쪽에다 울타리를 설치했다. 이것이 소위 '죽란'(竹欄)이다. 조정에서 물러나면 건을 빗겨 쓰고 그 울타리를 따라 거닌다. 혹은 달빛 아래 홀로 술을 마시며 시를 짓기도 하니 고요하여 산림이나 원포의 정취가 있었다. 그래서 시끄러운 수레 소리도 거의 잊어버릴 수 있었다.[8]

뜰에 석류와 매화, 치자, 동백나무 등을 심고, 금잔화와 은대화, 파초, 오동, 만향, 국화, 부용 등은 화분에 심으며, 그 동북쪽에다 대나무 울타리를 설치했다. 특히 그는 국화를 좋아하여 18개의 화분에 심어 놓았다. 그러고는 조정에서 퇴근한 후 대나무 울타리를 따라 거닐거나 혹은 홀로 술을 마시며 시를 짓기도 했다.

다산은 유배지인 전라도 강진에서도 정원을 가꾸었다. 그는 유배 8년 만인 1809년 다산초당으로 거처를 옮기자마자 주변을 새롭게 꾸미는 대공사를 벌였다. 먼저 채마밭부터 조성했다. 다산초당 앞 비탈에 9개의 돌계단을 쌓고, 각 층마다 무와 배추, 쑥갓, 가지, 아욱, 겨자, 상추, 토란 등 온갖 채소를 심었다. 그러고는 연못을 넓히고, 산 위의 샘물을 홈통으로 이어 끌어왔다. 대나무와 버드나무를 울타리 대신에 둘렀다. 연못가에는 당귀나 작약, 모란, 동청 등 약초와 화훼를 심었다. 또 연못 위편에는 바닷가에서 주워 온 기암괴석으로 석가산(石假山)을 꾸몄다.[9]

〈**다산초당도**〉 『백운첩』(白雲帖) 수록, 초의선사, 조선, 종이, 19.5×27cm, 개인 소장. 초의선사가 다산의 명으로 당시 다산초당의 모습을 그렸다.

이렇게 정원을 꾸민 뒤 그 조경을 읊은 시 20수를 지었는데, 「다산화사(茶山花史) 20수」가 바로 그것이다. 다산의 위치부터 시작하여 연못, 대나무, 매화, 복숭아, 유자, 모란, 수국, 포도 등을 차례대로 시로 읊었다. 그중 제2수의 연못을 읊은 시를 살펴보자.

> 작은 연못은 실로 다산초당 얼굴이네
> 그 가운데 솟은 석가산 세 개.
> 피고 지는 백 송이 꽃, 언제나 섬돌을 둘러 있고
> 짝지어 나는 자고새 물 가운데 어른어른 비치네.[10]

연못 가운데의 석가산, 그 둘레의 온갖 꽃들, 물 위에 떠 있는 자고새 등 다산초당의 연못 조경을 마치 그림을 그리듯 생생하게 읊었다. 다산의 정원은 정교하고 운치가 있었다.

조선의 원예서

조선 시대 남자들은 자신의 원예 취미와 정원 가꾸기 경험을 토대로 다양한 원예 서적을 썼다. 조선 전기 강희안(姜希顔, 1419~1464)의 『양화소록』(養花小錄)을 비롯해서 조선 후기 이옥(李鈺, 1760~1815)의 『백운필』(白雲筆), 김려(金鑢, 1766~1821)의 『만선와잉고』(萬蟬窩賸藁), 이만부(李萬敷, 1664~1732)의 『노곡초목지』(魯谷草木誌), 신경준(申景濬, 1712~1781)의 『순원화훼잡설』(淳園花卉雜說), 서유구의 『임원경제지』「예원지」(藝畹志), 유박(柳璞, 1730~1787)의 『화암수록』(花庵隨錄) 등이 있다. 조선 전기 강희안의 『양화소록』과 조선 후기 유박의 『화암수록』을 대표적으로 살펴보자.

강희안은 세종이 창안한 훈민정음 28자에 해석을 붙이고 「용비어천가」의 주석 작업에도 참여한 학자이다. 그 동생이 『금양잡록』(衿陽雜綠)이라는 농서(農書)를 쓴 강희맹(姜希孟, 1424~1483)이다. 강희안은 꽃에 취미가 있어 틈만 나면 꽃을 키웠다. 그의 벗들도 기이한 꽃을 얻으면 가져다주어 그는 상당한 종류의 꽃을 소장했다. 이러한 강희안의 화훼 취미는 그가 쓴 『양화소록』 서문에 잘 나와 있다.

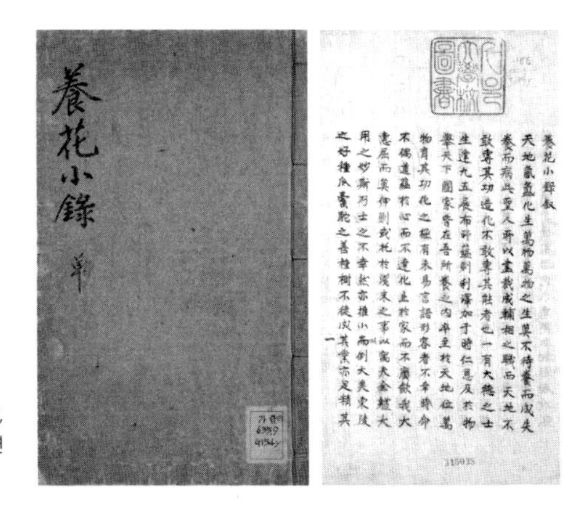

養花小錄叙
天地氤氳化生萬物萬物之生莫不待養而成夫
養而病與聖人所以盡裁成輔相之職而天地不
敢專其功造化不敢專其能者也一有大德之士
生逢九五展布其蘊則利澤加于時仁恩及於物
舉天下國家皆在吾所養之內卒至於天地位萬
物育其功化之極有未易言語形容者不幸時命
不偶道蘊於心而不達化止於家而不廣斂我大
患屈而莫伸則或托於淺末之事以寓夫參贊大
用之妙斯乃士之不幸然亦推小而例大矣東陵
之好種瓜橐駝之善植樹不徒成其業亦足驗其

『양화소록』 강희안, 조선, 1책(36장), 필사본, 서울대학교 규장각한국학연구원 소장

> 아침저녁으로 살펴보면 화초 하나하나가 성질이 각각 달라서 습한 성질을 좋아하는 것도 있고, 따스한 성질을 좋아하는 것도 있어, 가꾸고 물을 주고 햇볕을 쬘 때 한결같이 예법을 따랐고, 예법에 없는 것은 견문을 살려서 했다. 날씨가 추워져서 얼음이 얼면 추위에 약한 화초는 토굴 속에 넣어 동상을 방지했다. 이런 뒤에야 화초는 하나하나가 잎이 탐스럽고 꽃도 활짝 펴서 제 참모습을 드러냈다. 이는 화초의 천성을 저마다 잘 알아서 거기 맞추었기 때문이요, 처음부터 지혜나 노력으로 된 것이 아니었다.[11]

강희안은 꽃 기르기가 일과였는데, 꽃의 본성을 살리는 방식으로 재배하곤 했다. 그는 겨울에 꽃이 얼어 죽지 않도록 토굴(온실)을 만들어 보관할 정도로 온갖 정성을 기울였다.

강희안은 꽃을 기르며 알게 된 것들을 자세히 기록하여 우리나라 최초의 원예 서적인 『양화소록』을 저술했다. 『양화소록』이란

'꽃을 키우는 작은 책'이란 뜻으로, 노송(老松), 만년송(萬年松), 국화(菊花), 치자화(梔子花) 등의 꽃과 나무를 비롯해 화수법(花樹法), 최화법(催花法), 양화법(養花法) 등의 재배 방법들을 수록하고 있다. 옛 문헌들을 인용하여 각 식물에 대해 이야기한 뒤 실제로 키우면서 알게 된 재배 방법과 주의 사항을 간략히 정리했다.

> 대개 꽃나무는 담장 아래에 오래 놓아두면 꽃잎과 꽃받침, 가지, 잎이 모두 사람을 향해 기우는 법이다. 꼭 자주 돌려가면서 옮겨 심어야지 한쪽만 바라보게 해서는 안 된다. 또 꽃이나 잎에는 거미줄이 잘 앉는다. 덮고 있는 거미줄을 제거하지 않으면 꽃이 거의 제 빛깔을 잃어버리게 된다. 반드시 작은 거미도 찾아내어 바로 죽여야 한다.
> 대개 꽃나무를 꺾꽂이할 때에는 먼저 나무 꼬챙이를 그 구멍 안에 꽂았다가 뺀 다음 꽃가지를 그 구멍에 꽂아야 한다. 또 가지 끝이 손상되지 않도록 손으로 가볍게 눌러주고, 흙을 촘촘하고 단단하게 다진 후에 늘 그늘이 짙은 곳에 두어야 한다.[12]

'꽃을 키우는 법'에 대해 이야기한 부분이다. 햇볕 쪼이기나 거미줄 제거하기, 꺾꽂이 등 꽃나무 키우는 방법에 대해 자세하게 기록했다. 『양화소록』은 이후 출간되는 원예 서적들에 많은 영향을 끼쳤다.

『화암수록』의 저자 유박은 지금까지 잘 알려져 있지 않은 인물이다. 포의(布衣)로, 실학자 유득공의 7촌 당숙이었다고 한다.

그는 한창나이에 과거를 포기하고 황해도 배천군 금곡으로 이주하여 오로지 꽃을 기르며 살았다. 꽃과 더불어 살아가는 그의 모습은 채제공(蔡濟恭, 1720~1799)이 쓴 「우화재기」(寓花齋記)에 잘 묘사되어 있다.

> 유박은 꽃에 벽(癖)이 있다. 집은 황해도 배천의 금곡인데, 어지러운 세상일을 사절하고 날마다 꽃 심는 것을 일과로 삼아 기르지 않는 꽃이 없었고, 꽃이 피지 않은 때가 없었다. 다섯 이랑 크기의 울타리 안이 향기 가득한 중향국, 즉 꽃나라였다. 그는 스스로 뽐내며 그 집의 이름을 우화재라 짓고는 당시 시를 잘 짓기로 이름난 사람들에게 널리 요청하여 이 일을 읊게 했다.[13]

유박은 자신의 화원을 '백화암'(百花庵)이라 불렀고, 그곳에서 꽃을 기른 경험을 토대로 『화암수록』이란 원예 전문서를 지었다. 이 책은 강희안의 『양화소록』과 함께 조선 시대의 대표적인 원예 서적으로 꼽힌다.

유박은 『화암수록』에서 꽃을 9등급으로 나누어 분류하거나(「화목구등품제」), 꽃마다 평어를 남기기도 하는(「화품평론」) 등 꽃에 대해 품평하기를 좋아했다. 하지만 그의 꽃에 대한 품평이 가장 잘 드러나는 글은 아마 「화암기」가 아닐까 한다.

> 분매와 금원황, 취양비는 그 정신을 찬찬히 살핀다. 왜철쭉과 영산홍은 멀리서 형세를 보아 웅장함을 취한다. 모

화초를 감상하는 선비 〈독서여가〉(讀書餘暇), 정선(鄭敾, 1676~1759), 비단, 24×16.8cm, 간송미술관 소장. 겸재(謙齋) 정선이 50대 초반 북악산 아래 유란동(幽蘭洞)에서 생활하던 모습을 그린 자화상으로 추정된다.

란과 작약, 제수나무와 복사꽃은 새로 얻은 여인과 같다. 치자와 동백은 마치 큰 손님을 마주한 여인의 아리따운 모습이 손에 잡힐 듯하다. 석류는 품은 뜻이 시원스럽다. 파초와 괴석은 뜨락의 명산으로 삼는다. 비쩍 마른 소나무는 태곳적의 모습을 얻었고, 풍죽(風竹)은 전국시대의 기상을 띠고 있다. 이것들을 섞어 심어서 시중드는 하인으로 삼는다. 연꽃은 마치 공경스럽게 주돈이를 마주하는 것만 같다.

기이하고 예스러운 것을 취하여 스승으로 삼고, 맑고 깨끗한 것을 취하여 벗으로 삼는다. 번다하고 화려한 것을 취하여 손님으로 삼는다. 남에게 사양하려 해도 남들은 내다버리는 까닭에 다행히 홀로 즐겨도 막는 사람이 없

> 다. 앉아 있을 때나 누워 있을 때나 희로애락을 모두 이 꽃들에게 부쳐서 나 자신을 잊고 장차 늙음이 오는 것도 알지 못한다.[14]

이처럼 그는 꽃들을 인간이자 세상사처럼 여겼다. 꽃에 대한 생각이 이 정도였다면, 그야말로 세상사의 이치를 깨달은 사람이 아니겠는가.

오늘날 취미의 하나인 원예가 조선 시대에는 주요 살림의 한 부분이고, 주로 남자가 담당한 일이었다. 그들은 정원에 온갖 꽃과 나무를 심어 두고 제수용 과일을 공급하거나 생활용품을 만드는 데 이용하기도 하고, 한편으로는 마음을 수양하며 시문을 짓기도 했다. 심지어 이러한 경험을 토대로 다양한 원예 서적을 쓰기도 했다.

12장
외조하는 조선 남자

외조하는 남자

내외를 구분 짓고 남녀의 역할을 나누는 것 자체가 양성평등의 이념과 어긋나지만, 이러한 내외의 구분은 조선 시대에는 음양의 구분처럼 당연한 것이었고, 조선 후기에 내외법이 강화되면서는 더욱 엄격해졌다. 내조란 남자가 원활하게 사회 활동을 할 수 있도록 여자가 각종 집안일을 하며 돕는 것을 말한다. 그렇다면 외조란 무엇인가? 남자가 여자의 사회 활동을 지원함으로써 여자의 사회적 자아실현을 돕는 것이다.

조선 중기까지만 해도 여자가 비교적 자유롭게 창작 활동을 하고 이를 통해 사회의 구성원으로서 당당하게 참여했는데, 조선 후기에 이르면 성리학과 내외법의 강화로 사회 참여 자체가 금기시되는 풍조가 생겨났다. 이즈음에 이른바 '외조하는 남자'가 본격적으로 등장했다. 지금까지는 조선 시대의 외조하는 남자를 거의 주목하지 않았지만, 이들이야말로 조선을 대표하는 진정한 남자의 모습이 아니었을까.

조선 시대 여자의 문집 중 현존하는 것은 총 32종으로 파악되고 있다. 이들 여자의 문집은 개인 작품집으로 간행되거나, 남편의 문집에 부록으로 수록되어 있으며, 가족의 문집 속에 포함되어 있기도 하다.[1] 그런데 흥미로운 점은 이들 여자의 문집이 거의 대부분 남편이나 아들, 사위, 형제 등 남자에 의해 편찬되었다는 점이다. 다시 말해 조선 시대 남자 중에는 아내나 어머니, 장모, 누이 등의 작품이 후세에도 전해지기를 바라며 문집으로 간행하여 보존될 수 있게 해 준 이가 있었다. 이 장에서는 이런 남자를 '외조하는 남자'라 부른다.

남아 있는 문집의 수를 볼 때 이런 남자가 많지 않았을 수는 있다. 그렇다고 남녀평등을 강조하는 현대에 이처럼 외조하는 남자가 얼마나 있을까? 아마도 많지는 않을 것이다.

미암 유희춘, 아내의 문집을 만들다

조선 시대 남자가 여자의 문집을 편찬한 최초의 사례는 아마도 미암 유희춘이 부인 송덕봉의 시문집인 『덕봉집』을 편찬한 것이 아닐까 한다.

미암은 부인과 떨어져 지낼 때는 자주 편지를 주고받으며 집안 소식을 듣곤 했는데, 간혹 그들은 시를 주고받으며 서로의 마음을 나누기도 했다. 뿐만 아니라 그들은 명절 같은 특별한 날에는 술과 음악을 갖추고 가족 시회(詩會)를 갖기도 했다.[2]

독서하는 여인 〈여인독서도〉, 윤덕희(尹德熙, 1685~1776), 비단, 20×14.3cm, 서울대학교박물관 소장

그런데 흥미로운 점은 미암이 부인에게 받은 편지와 시, 기타 작품을 없애지 않고 잘 보관해 두었다는 점이다. 미암은 처조카 송진에게 그동안 송덕봉(당시 나이 51세)이 지은 시들을 한 권의 책으로 만들어 달라고 부탁했다.

> 1571년 3월 30일. 송진이 그동안 부인이 지은 시 38수를 책으로 만들어 가져왔다.[3]

미암은 송진에게 받은 책을 다시 아들을 시켜 고향에 있는 송덕봉에게 가져다주도록 했다.

> 1571년 4월 11일. 부인이 편지에 하였기를, 경렴이 와서 정부인의 첩(牒)과 문집을 보았고, 송진이 쓴 시도 보았다며, 아주 기쁘다고 하였다. 더욱이 자신의 시가 없어지지 않고 후대에 전해지게 되어 희비가 엇갈린다고 했다.[4]

송덕봉이 정부인의 직첩과 자신의 시집을 받고 매우 기뻐하고 있다. 이해 2월에 미암은 종2품 전라 감사에 제수되었고, 그에 따라 송덕봉도 정부인의 직첩을 받았다. 송덕봉은 자신의 시가 없어지지 않고 전해지는 것이 자랑스럽지만, 다른 한편으론 부족한 자신의 시가 한 권의 문집으로 편찬되어 부끄럽다는 의미로 희비가 엇갈린다고 말했다.

여자가 문학 하는 것을 자랑으로 여기지 않았던 당시에 이러한 미암의 행보는 특별히 눈에 띈다. 미암만의 돌출 행보였을까?

허균, 누이의 문집을 만들다

조선 중기까지만 해도 여자가 창작 활동을 통해 사회 활동을 하는 것을 꺼려하지 않는 분위기였다. 이 시기 남자들은 딸에게도 글을 가르치고 창작 활동을 권장하는 한편 그들의 작품을 문집으로 편찬해서 후대에 남기기도 했다. 조선 중기의 문인 허균(許筠, 1569~1618)은 누님 허난설헌(許蘭雪軒, 1563~1589)의 작품을 모아 우리나라뿐 아니라 당시 국제 사회인 중국에서도 간행했는데, 그것도 필사본이 아닌 목판본, 즉 공식적인 문집으로 출판했다.

허난설헌은 재상 허엽(許曄)의 딸이자 허봉(許篈)의 누이동생이며 허균의 누님이었다. 강릉 초당에서 태어났고, 삼당시인 중의 한 사람인 손곡(蓀谷) 이달(李達)에게 한시를 배웠다. 여덟 살 어린 나이에 「광한전 백옥루 상량문」을 지어 신동이란 칭송을 받았다.

15세에 김성립(金誠立)과 결혼했으나 부부 사이가 좋지는 않았다. 김성립은 과거 시험처럼 교과서적인 공부는 잘했지만 문학적인 재능은 떨어지는 인물이었다. 허균은 『성소부부고』 제24권에서 매부 김성립에 대해 이렇게 말했다.

> 세상에 문리는 부족하면서도 글을 잘 짓는 이가 있다. 나의 매부 김성립은 경(經)·사(史)를 읽으라면 입도 떼지 못하지만, 과문(科文)은 요점을 정확히 맞추어서 논(論)·책(策)이 여러 번 높은 등수에 들었다.[5]

김성립은 경전이나 역사책보다는 과거 시험을 위한 문장에 능했다. 김성립과 허난설헌은 서로 성향이 매우 다른데다가, 허난설헌은 결혼 생활 도중 자식을 셋이나 질병으로 모두 잃는 불행을 겪었다.

> 지난해 귀여운 딸 여의고 올해는 사랑스런 아들 잃다니
> 서럽고 서러워라 광릉땅이여 두 무덤 나란히 앞에 있구나.
> 사시나무 가지엔 쓸쓸한 바람 도깨비불 무덤에 어리비치네.
> 지전(紙錢) 태워 너희 넋 부르며 무덤에 냉수 부어놓으니
> 응당 너희 넋이야 밤마다 서로 어울려 놀 테지.

비록 복중에 아이가 있다 한들 어찌 잘 자라길 바랄까
부질없이 황대사(黃臺詞) 읊조리며 애끊는 피눈물에 목이 멘다.

병으로 아들과 딸을 연이어 잃고 쓴 「곡자」(哭子)라는 시다. 이후 뱃속의 아이도 사산하고 말았다. 허난설헌은 이러한 비참한 상황 속에서도 쉬지 않고 시를 썼다. 허난설헌은 27세에 요절했지만 평생 동안 지은 시가 매우 많았다고 한다. 다만 유언에 따라 불태워 버린 탓에 현재 전하는 작품은 213수에 불과하다. 이러한 사정은 허난설헌의 사후인 1608년에 허균이 그 남은 작품을 거두어 문집으로 간행하면서 쓴 발문에 잘 나타나 있다.

부인의 성은 허씨요, 호는 난설헌이다. 균의 셋째 누이로, 저작랑 김성립과 결혼했다가 일찍 세상을 떠났다. 그녀는 자녀가 없으나, 평생의 저술은 아주 많았다. 유언에 따라 불태워서 전하는 작품이 매우 적다. 남은 것은 동생 균이 베껴서 적어 놓은 것이다. 세월이 지나면 잃어버릴까 두려워 나무에 새겨 널리 전한다.[6]

여기서 허난설헌이 자신의 작품을 불태우라고 유언한 것은 조선 후기처럼 아녀자의 작품이라서가 아니라, 불행한 일생을 살았던 자신의 흔적을 후대에까지 남기고 싶지 않아서였을 것이다.

하지만 누님의 뛰어난 작품들이 사라져 버릴까 두려운 허균은 원고를 명나라 시인 주지번(朱之蕃, 1575~1624)에게 주어 중

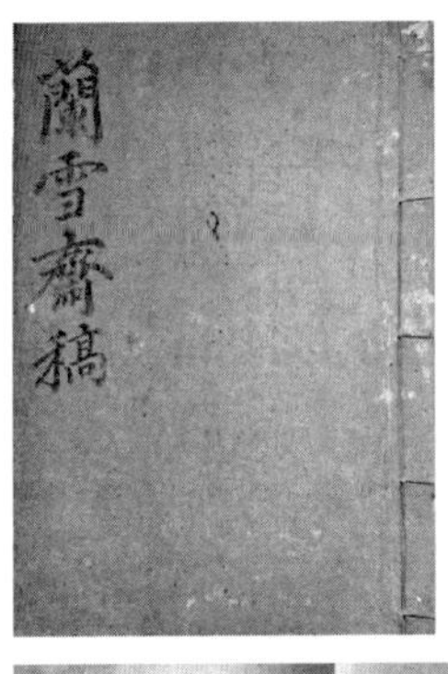

『난설재고』(蘭雪齋稿) 조선, 29×19.2cm, 1606년(선조39) 목판본, 허균허난설헌기념관 소장

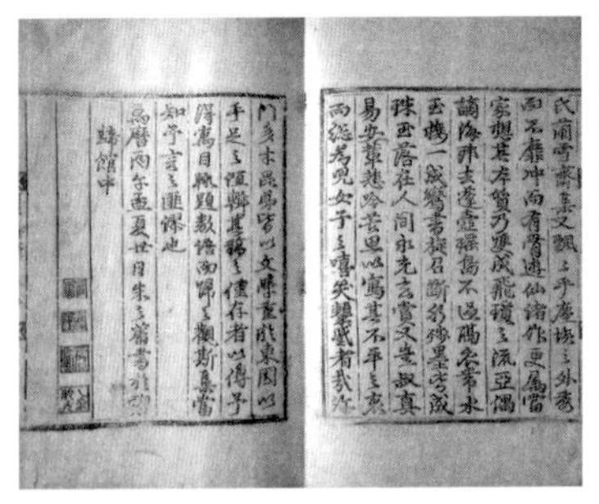

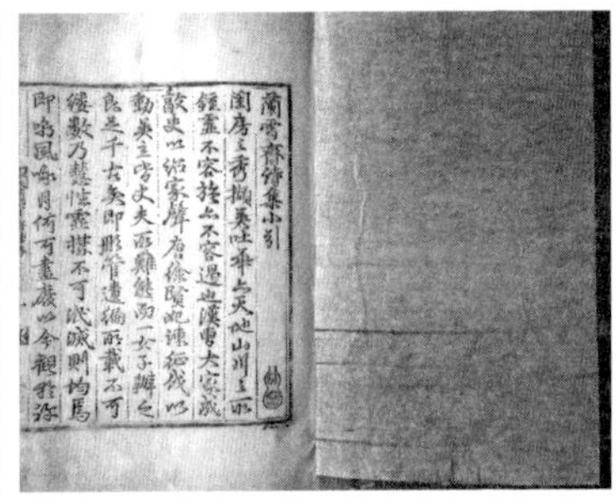

국에서 시집으로 간행해 주도록 부탁했다. 이에 주지번은 1606년 『난설헌집』 중국판을 간행하며 직접 서문을 썼는데, 여기서 난설헌의 시를 다음과 같이 평가했다.

> 지금 허씨의 『난설재집』을 보니 티끌 밖에서 나부껴 빼어나면서도 화사하지 않고 부드러우면서도 뼈대가 뚜렷하다. 「유선사」(遊仙詞)를 비롯한 여러 작품들은 당대 대가들의 작품과 겨룰 만하다.[7]

『난설헌집』은 1711년 분다이야 지로(文台屋次郎)에 의해 일본에서도 간행되었다.

허난설헌이 어릴 적부터 남자 스승에게 시를 배우고 결혼한 뒤에도 계속 시를 썼을 뿐만 아니라 사후에 동생이 문집을 간행할 수 있었던 것은 조선 중기까지의 개방적인 사회 분위기 덕분이었던 듯하다.

아전이 기녀의 시집을 간행하다

이매창(李梅窓, 1573~1610)은 조선 선조 때 부안 지역의 이름난 기녀로, 시문과 거문고에 뛰어나 황진이(黃眞伊, 1506~1567)와 함께 칭송되었다. 특히 천민 출신의 시인 유희경(劉希慶, 1545~1636), 그리고 허균과 같은 당대의 명사들과 교유하면서 더욱 유명해졌다. 그녀가 죽자 부안 지역의 아전들은 평소 입으로 외워 전하던 이매창의 시 58수를 모아 시집으로 간행해 주었다. 『매창집』의 발문에 그러한 사정이 잘 드러나 있다.

> 계향의 자는 천향이고 호는 매창으로, 부안현의 아전 이탕종의 딸이다. 만력 계유년(1573)에 나서 경술년(1610)에 죽으니 나이 38세였다. 평생 노래 부르기와 시 읊기를 잘했으며, 당시 수백여 수의 시가 사람들의 입에 오르내리더니 지금은 거의 흩어져 없어졌다. 숭정후 무신년(1668) 10월에 아전들이 외우며 전하던 여러 형태의 시 58수를 모아 개암사에서 목판에 새긴다.[8]

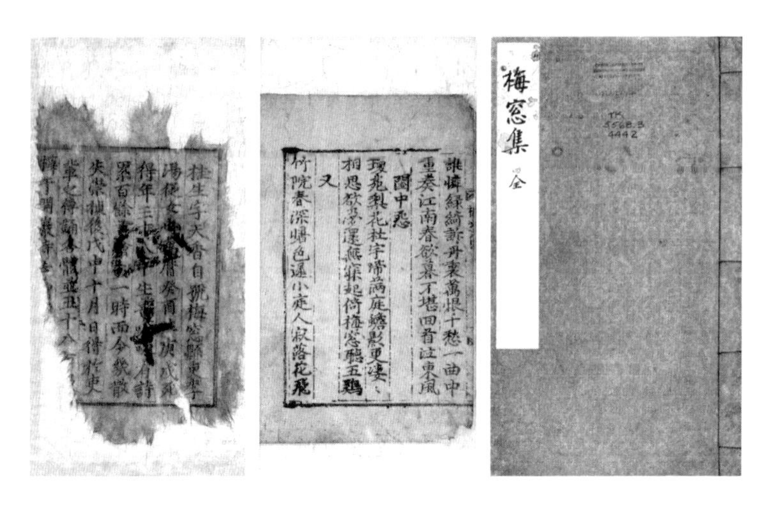

『매창집』 전북 부안문화원 소장 복본(원본은 미국 하버드대학교 옌칭연구소 소장)

이매창은 노래와 시 짓기를 잘해서 죽어서도 수백 편의 시가 사람들의 입에 회자되었고, 결국 사후 50여 년이 지난 뒤에도 고을 아전들이 여전히 외우고 있던 그녀의 시를 모아 목판본으로 간행했다는 것이다. 이처럼 조선 중기에는 여자의 문집을 만드는 데 전혀 거리낌이 없었다.

남동생 임정주의 『윤지당유고』 간행

조선 후기엔 경제가 발달하고 문화 예술이 번성하면서 평민들의 의식 수준이 매우 향상되었다. 여자도 예외가 아니어서 이전 시대에 비해 여성 학자와 문인이 크게 증가했다.

조선 후기 남자의 전유물로 여겨지던 성리학의 세계에 도전장을 내밀고 본격적으로 연구한 여자가 바로 영·정조대의 임윤지당(任允摯堂, 1721~1793)이다. 그녀는 여자도 학문과 수양을 통해 성인이 될 수 있다고 주장했다. 임윤지당의 성리학 논설인 「극기복례위인설」(克己復禮爲仁說)을 보자.

> 아아! 내가 비록 여자이기는 하지만 천부적으로 부여받은 성품은 애당초 남녀 간에 다름이 없다. 비록 안연(顔淵: 공자의 수제자 안회顔回)이 배운 것을 능히 따라갈 수는 없다고 하더라도 내가 성인을 사모하는 뜻은 매우 간절하다.[9]

윤지당은 비록 공자의 수제자인 안회에는 미치지 못할지라도 성인이 되고자 하는 마음만은 똑같다고 했다. 과연 윤지당은 포부가 대단한 여성이었다.

둘째 딸로 태어난 윤지당에게는 위로 오빠가 셋, 언니가 하나, 아래로 남동생이 둘 있었다. 아버지 임적(任適)은 윤지당이 8세 때 전염병으로 죽고, 둘째 오빠인 녹문(鹿門) 임성주(任聖周, 1711~1788)가 아버지를 대신해 그녀에게 학문을 가르쳤다.

윤지당은 19세 때 한 살 아래인 원주의 선비 신광유에게 시집갔다. 하지만 결혼한 지 8년 만인 27세에 남편을 잃고, 시동생인 신광우·신광조 형제와 같이 살았다. 다행히 두 시동생은 그녀를 진심으로 따랐고, 마치 어머니처럼 섬겼다고 한다. 시동생 신광우는 『윤지당유고』(允摯堂遺稿)의 발문에서, 그녀는 결혼 후 서적을 가까이하지 않고 오직 살림에만 신경 썼다고 했다. 조선 후기엔 성리학이 정착하여 여자가 학문이나 저술을 하는 것이 부덕에 어긋

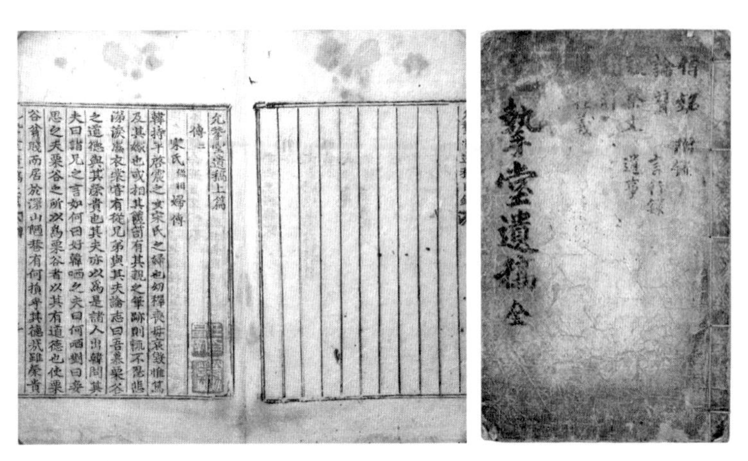

『윤지당유고』 조선, 31×19.5cm, 원주역사박물관 소장

난다고 여겼기 때문에 표면적으론 거짓말을 했던 것일 터이다. 실제로 65세 때 윤지당이 자신의 문집 초고를 베껴 남동생 임정주(任靖周)에게 주면서 쓴 글을 보면, 그녀는 평생 쉬지 않고 공부했음을 알 수 있다.

> 나는 어릴 때부터 성리학이 있음을 알았다. 조금 자라서는 고기 맛이 입을 즐겁게 하듯이 학문을 좋아하여 그만두려 해도 그만둘 수 없었다. 이에 감히 아녀자의 분수에 구애되지 아니하고, 경전에 기록된 것과 성현의 교훈을 마음을 다해 탐구했다. 수십 년의 세월이 지나자 조금 말을 할 만한 식견이 생기게 되었다. 그러나 문장으로 저술하려고 아니하여 마음속에 간직해 두고 드러내지 않았다. 나도 이제 노년에 이르러 죽을 날이 얼마 남지 않았다. 문득 하루아침에 갑자기 죽으면 아마도 초목과 같이 썩어

> 버릴 것이다. 그래서 집안일을 하는 틈틈이 여가가 날 때마다 글로 써 두었다. 그것이 모여 마침내 커다란 두루마리가 되니 모두 40편이다. 첫머리 「송씨댁 부인」에서부터 「안자의 즐거움을 논함」까지 논문 8편은 젊을 때 지은 것이다. 그리고 「자로를 논함」 이하의 글들은 중년에 지은 것이다.[10]

윤지당의 문집은 윤지당 사후 3년 뒤인 1796년에 막내 동생 임정주가 간행했다. 하지만 문집의 간행 작업은 그녀의 나이 65세인 1785년부터 이미 이루어지고 있었다. 그때 임정주가 윤지당의 양자에게 편지를 보내어 말하길 "누님의 글을 없어지게 할 수 없으니 내게 한 부를 필사해서 보내라"고 했다. 또 자신도 발문을 써서 문집의 간행에 얽힌 후기를 적어 놓았다.

> 아! 이 책은 우리 누님이신 신씨댁께서 저술하신 것이다. 본래 40여 편이었으나 간추려서 30편으로 만들었다가 다시 5편을 추가해 넣어 총 35편이 되었다. 작품이 많지 않아 일반적인 문집의 체제로 편차하기가 어려웠다. 이 때문에 초년, 중년, 만년의 저작 순서대로 정리했고, 그중에서 중년, 만년의 편차하기 쉬운 것은 문장의 종류별로 모았다. 또 집안에서 왕복한 편지를 넣지 않은 것은 모두 언문으로 되어 있기 때문이다.[11]

『윤지당유고』에는 성리학 논설이나 인물의 논평, 학문과 마음

및 행실을 닦기 위한 잠언 등이 주로 실려 있다. 한글 편지가 수록되었다면 좀 더 입체적으로 임윤지당을 조망했을 텐데, 아쉬운 감이 있다.

남편 윤광연의 『정일당유고』 간행

임윤지당의 성리학은 50여 년이 지난 후 강정일당(姜靜一堂, 1772~1832)에게로 이어졌다. 정일당 역시 윤지당처럼 여자도 노력하면 성인의 경지에 도달할 수 있다고 주장했다. 다음은 정일당이 남편에게 보낸 척독(쪽지 편지)인데 그러한 도전적인 여성 의식이 잘 드러나 있다.

> 윤지당께서 말씀하시기를 "나는 비록 부인이지만 하늘에서 받은 성품은 애당초 남녀의 차이가 없다" 하셨고, 또 "부인으로 태어나 태임(太姙)과 태사(太姒)와 같은 성녀가 되기를 스스로 기약하지 않는 사람은 모두 자포자기한 사람들이다"라고 하셨습니다. 그렇다면 비록 부인이라도 큰 실천과 업적이 있으면 가히 성인의 경지에 이를 수 있습니다. 당신은 어떻게 생각하십니까?[12]

정일당도 선배 학자인 윤지당의 말처럼 하늘에서 부여받은 성품은 남녀 간에 차이가 없으며, 비록 여자라도 성리학적인 큰 업적이나 실천이 있으면 충분히 성인의 경지에 도달할 수 있다고 주장했다.

강정일당의 이름은 지덕(至德)으로, 충북 제천에서 강재수와 안동권씨의 딸로 태어났다. 강희맹의 10세손으로 원래는 명문 집안이었으나 오랫동안 관직에 나아가지 못해 이미 궁핍해진 상태였다. 그래서 어려서부터 어머니와 함께 바느질하고 베를 짰다.

정일당은 20세 때 충주의 선비 윤광연(尹光演)과 결혼했는데, 당시 그는 14세의 어린 신랑이었다. 시댁 역시 명문가의 후예였으나 오랫동안 관직에 나아가지 못해 가세가 많이 기울어져 있었다. 결혼한 지 7년째인 1798년 이들 부부는 경제적 어려움을 해결하기 위해 경기도 과천으로 이사했다가, 다시 서울 남대문 밖의 약현으로 이사했다. 그곳에서 윤광연은 학당을 열어 아이들을 가르치고, 정일당은 삯바느질을 하여 생계를 꾸려 나갔다.

정일당은 어릴 적 아버지로부터 『시경』이나 『예기』 등의 유교 경전을 배웠다. 하지만 본격적으로 학문을 시작한 것은 약현으로 이사한 30세부터였다. 정일당의 행장에 의하면, "유교의 13경을 두루 읽으면서 깊이 침잠하고 연구하여 매번 홀로 앉아 읊조렸다. 여러 전적들을 널리 보아서 고금의 정치 변동을 손바닥 보듯 밝게 알았다"라고 했다.[13] 특히 윤지당이 성리학의 이론에 치중했다면, 정일당은 실천을 더욱 중시했다.

정일당은 성리학뿐만 아니라 시와 문장, 글씨에도 능했다. 『정일당유고』(靜一堂遺稿)에는 시 38수, 서간문 7편, 척독 82편, 서간 별지 2편, 기문 3편, 제발 2편, 묘지명 3편, 행장 3편, 제문 3편, 명문 5편, 잡저 2편이 수록되어 있다. 특히 정일당의 작품 중에는 남편을 대신하여 지은 것들이 많은데, 시 7수, 서간문 5편, 서간 별지 2편, 기문 2편, 제발 2편, 묘지명 3편, 행장 3편, 제문 2편이 그

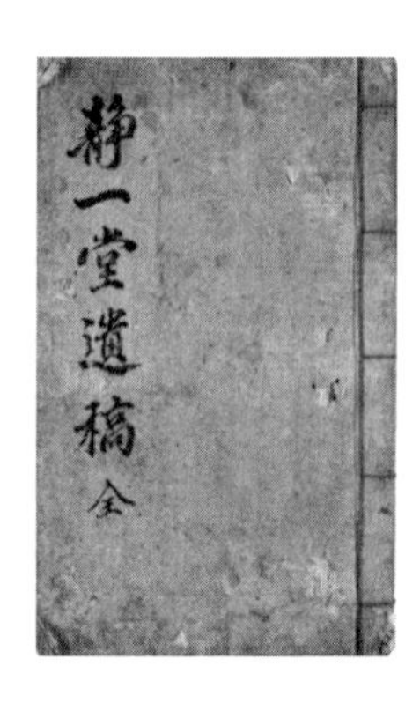

『정일당유고』 조선, 경기도박물관 소장

것이다.[14] 행장이나 묘지명뿐만 아니라 시나 편지도 남편을 대신해 써 주었다.

또한 정일당은 척독으로 남편의 정신적인 지주 역할을 했다. 그녀는 남편의 성품이나 생활 습관, 학문, 스승과 인간관계, 심지어 학당 일까지 다양한 것들을 쪽지 편지로 써서 조언해 주었다. 대표적으로 윤광연의 생활 습관과 성품에 대해 조언한 척독을 살펴보자.

> 『주역』에서 "음식을 절제하라" 하였으니, 술은 음식 중에서도 매우 중요한 것입니다. 당신은 술을 절제하여 덕을 쌓기를 바랍니다. 조금 전에는 무슨 일로 사람을 그리 심히 꾸짖었는지요? 과중한 책망이 아닙니까? 안색이나 언어는 군자가 더욱 마땅히 수양해야 하는 것입니다. 『시경』에서 말하기를 "남에게 따뜻하고 공손함이여. 아, 덕성의 바탕이라네!" 라고 했습니다. 당신이 남을 심히 꾸짖을 때는 자못 온화한 기운이 없으므로 감히 아룁니다.[15]

『주역』이나 『시경』 같은 경전 구절을 들어 정중히 조언하는 아내를 윤광연은 따르지 않을 수 없었을 것이다.

그렇다고 해서 윤광연을 항상 부인에게 의존하며 살았던 어리숙한 인물로 오해해서는 안 된다. 단적으로 그의 학당은 목사나 군수 같은 고위 관료들이 연달아 왕래하며 학문을 토론하거나 자식들의 교육을 맡기던 곳이었다. 그만큼 윤광연은 당대의 명망 있는 학자요 선생이었다.

또한 윤광연은 평소 정일당의 글들을 잘 보존했다가 그녀의 사후에 『정일당유고』를 간행했다. 그것은 '부인의 글은 감춰 두고 드러낼 것이 아니네!'라는 남의 빈축을 감수한 것이자, 전 재산을 기울이면서까지 목활자본으로 출판한 것이었다. 윤광연은 죽은 아내에게 올리는 제문에서, 유고의 간행 이유를 "그대를 위해 영원히 전할 자산으로 만들고자"라고 분명히 말했다. 후대에 물려주어 사람들로 하여금 조선에 강정일당이란 성리학자가 존재했음을 알리고자 했던 것이다. 뿐만 아니라 정일당의 행장을 진사 강원회에게, 묘지문을 형조 판서를 지낸 대유학자 홍직필에게, 문집의 발문을 스승 송치규에게 각각 받아서 부록으로 첨부하기도 했다. 당대 유명한 인물들에게 글을 받음으로써 정일당의 문집을 더욱 빛내고 공식적으로 만들고 싶었던 것이다.[16] 윤광연은 아내의 뜻을 존중하고 자신의 스승으로 대우한 진정한 애처가였다.

아들 유희의 『태교신기』 번역과 간행

이사주당의 『태교신기』 집필 목적은 태교를 잘해 어질고 효성스러운 자식을 낳고자 함도 있었지만, 동시에 임신과 출산에 관한 지식을 정리하여 '산부인학'으로 체계화하려는 목적도 있었다. 사주당이 이 책을 출판할 수 있었던 것은 전적으로 남편과 아들 등 남자 가족의 지원이 있었기 때문이다.

사주당은 청주의 한미한 집안에서 태어났다. 그녀는 어려서부터 베 짜고 길쌈하는 여가에 『시경』,『서경』 등 유교 경전을 읽었는데, 이씨 집안의 남자 형제들도 그녀의 학문을 능가하지 못했다고 한다. 이후 사주당은 25세에 유한규(柳漢奎)의 네 번째 부인이 되었다. 유한규는 이전에 세 번이나 상처한 경험이 있고, 나이도 46세로 사주당보다 스물한 살이나 많았다. 경전에 능통한 선비로서 벼슬은 형조 정랑을 지냈다.

남편 유한규는 학문적인 열망으로 가득 찬 아내를 적극 지지해 주었다. 사주당이 『가례』, 『소학』, 『여사서』 등을 토대로 『가어』(家語)라는 책을 만들자, 유한규는 서문을 쓰면서 아내의 책이 『내훈』, 『여범』과 비교해도 뒤지지 않는다고 말했다. 또 사주당이 옛 성현의 기거와 음식, 모든 예절과 의학 상식, 임산부의 금기 사항, 어린아이를 가르칠 만한 글들을 모아 언문으로 해석하여 책자를 만들자, 유한규가 『교자집요』(教子輯要)라고 제목을 지어 주기도 했다.[17]

사주당은 유한규와의 사이에서 1남 3녀를 두었는데, 자식들을 교육시키는 데도 뛰어난 능력이 있었다. 아들 유희(柳僖, 1773~

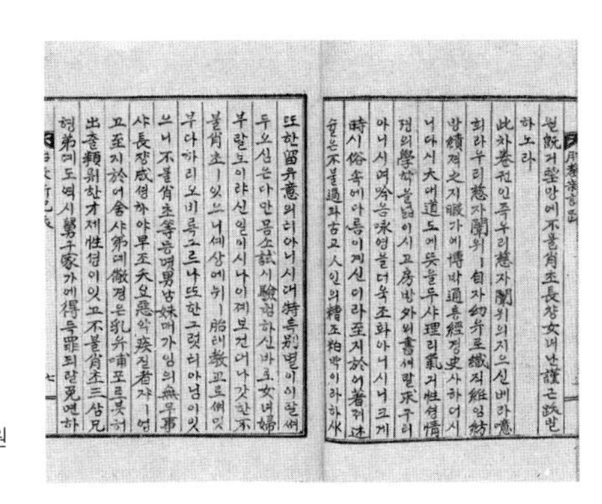

『태교신기언해』 조선, 한국학중앙연구원 장서각 소장

1837)에겐 돌이 되자 문자를 가르치기 시작하고, 3~4세 때엔 글자를 가지고 4, 5언(言)의 말을 만들게 했으며, 5세 때엔 『성리대전』을 보고 놀게 했다. 그래서 훗날 유희는 음운학자이자 유학자로서 『언문지』(諺文志)와 100여 권의 『문통』(文通)을 저술했다. 딸들도 역시 교육을 잘 받았으며, 어머니의 저서 『태교신기』에 발문을 썼다.

『태교신기』는 사주당의 나이 62세인 1800년에 한문으로 저술한 것이었다. 그로부터 1년 후 아들 유희는 한문으로 된 『태교신기』를 10장으로 나누고 한글로 번역하여 더욱 많은 사람이 읽을 수 있도록 했다. 또한 유희는 1821년 『태교신기』를 한 권의 책으로 간행하면서 자신의 친구이자 승정원 우승지인 신작(申綽)에게 서문과 함께 어머니 사주당의 묘지명을 써 달라고 부탁했다. 그중 서문에 『태교신기』의 저작과 번역 과정이 잘 나타나 있다.

> 유씨 가문의 부인 이씨는 전주이씨 대갓집 출신으로 올해 나이 83세이다. 어려서부터 책을 좋아하여 경전의 가

> 르침을 깊이 알았고, 그 밖의 문헌에도 정통하여 높고 고매한 일에 뜻을 두었다. 세상에 인재가 드문 것은 태교가 행해지지 않은 탓이라 생각하고 경전의 가르침과 선인의 은밀한 말씀을 캐고 수집하였다. 무릇 임산부가 마음먹고 행동하며 보고 듣고 기거하며 먹고 마시는 하나하나의 사항들에 대해 모두 경서와 예법을 참조하여 모범을 제시했고, 옛 기록을 두루 살펴 본받을 만한 사례를 밝게 보여 주었으며, 의학의 이치를 참작하여 깨우침을 내려주었다. 오묘한 깊이를 얻어서 부지런히 한 권의 책을 완성하였다. 또 이씨의 아들 유희가 장(章)을 나누고 구두를 떼고 풀이하여 『태교신기』라 하였다. 예전 사람이 미처 짓지 못한 저술을 새로 지었으니 오호라! 원대하구나![18]

이사주당이 『태교신기』를 만드는 데 남편과 아들, 그리고 아들의 친구 등 주변 남자들이 적극적으로 도왔음을 알 수 있다.

남편과 아들과 사위가 힘을 보태다

조선 후기에 여자가 적극적으로 사회 참여를 하기 위해서는 남자 가족의 든든한 지원이 필요했다. 시인이자 수학자였던 서영수합(徐令壽閤, 1753~1823)도 마찬가지였다.

서영수합은 이조참판과 강원도 관찰사를 지낸 서형수(徐逈修)의 딸로, 14세에 홍인모(洪仁謨)와 결혼해 3남 2녀를 두었다. 큰아들 홍석주(洪奭周)는 좌의정을 지냈고, 둘째 아들 홍길주(洪吉周)는 문장가로 유명했으며, 셋째 아들 홍현주(洪顯周)는 정조의 사위가 되었다. 딸 유한당(幽閒堂) 홍원주(洪原周, 1791~1852)도 유명한 시인이 되었다.

홍인모는 외조하는 남편의 전형이었다. 그는 아내가 문학에 자질이 있음을 알고서 시를 짓도록 독려했으며, '영수합'이란 호를 지어 주었을 뿐 아니라 자식들에게 몰래 어머니의 시를 적어 두게 했다. 다음은 큰아들 홍석주가 쓴 영수합의 행장인데, 홍인모의 외조하는 모습이 잘 나타나 있다.

> 아버지께서는 시 짓기를 좋아하셨는데, 늘그막에 고을을 다스릴 때에 함께 시를 지어서 주고받을 사람이 없으므로 어머니께 '같이 짓자'고 부탁하셨다. 그렇지만 어머니는 좋아하지 않으시며, "평측(平仄)도 모르는데 어떻게 시를 짓겠습니까?"라고 하셨다. 아버지께서 당율시 한 권을 어머니께 드렸는데, 열흘도 못 되어 율시를 지으셨으며, 장편시에서 경운시(硬韻詩)에 이르기까지 짓지 못하시는 게 없었다. 그렇지만 끝내 손수 기록하지 않으셨기에, 아버지께서는 우리에게 명하여 곁에 따라다니며 가만히 베껴 두게 하셨다. 그렇게 하여 전후로 수백여 편을 얻어 낸 것이 바로 어머니 연세 60여 세 때였다.[19]

훗날 자식들은 아버지 홍인모의 문집 『족수당집』(足睡堂集) 6권을 목판으로 간행하면서, 어머니 영수합의 시 192편을 『영수합고』

(令壽閤稿)라고 하여 부록으로 덧붙였다. 또 『영수합고』의 끝에는 아들 홍석주가 지은 행장과 홍길주가 지은 발, 홍현주가 지은 발이 각각 덧붙여졌다.

영수합은 수학에도 재능이 뛰어났다. 그녀의 친정은 수학과 천문학에 관심이 많은 실학자 서유구의 집안이었는데, 그녀도 역시 여러 형제들이 수학책을 읽고 외우는 것을 듣고서 늙을 때까지 잊지 않았다고 한다.

한편, 홍인모와 영수합은 딸도 차별하지 않고 가르쳤다. 그래서 딸 홍원주도 어머니처럼 뛰어난 시인이 되었다. 어머니 영수합의 명성에 가려져 있었지만, 홍원주도 193편의 한시를 남긴 시인이었다. 다만 그것들은 주로 어릴 적 부모 곁에 있을 때 형제들과 함께 읊었던 것이고, 출가 후에는 더 이상 시를 짓지 않았다고 한다.

홍원주의 시는 특이하게도 사위 이대우(李大愚)가 수습했다. 그는 장모 홍원주의 시를 정리하여 편찬할 뿐 아니라 직접 서문을 쓰기도 했다. 그 경위는 이대우가 쓴 『유한집』(幽閒集) 서문에 잘 나타나 있다.

> 장모님이 돌아가신 뒤 처남인 성택(誠澤)이 상자 속 종이 더미를 더듬어 젊었을 때 지으신 시 수백 편을 얻었다. 울면서 나에게 보여 주며 "매부처럼 친하고 가까웠어도 이 원고가 있는 줄은 알지 못했지요. 정리하고 기록하자니 고인께서 평소에 바라시던 바가 아니요, 그대로 없어지도록 두자니 내 마음이 견딜 수 없소. 매부가 나를 위해 어떻게 해 주지 않겠소!"라고 하였다. 나는 이렇게 대꾸했다.

> "그렇지. 장모님께서 살아 계셨다면 이런 일을 벌이려 하셨겠는가? 하지만 후손들은 그만둘 수 없지. 『시경』 이남(二南)에 실린 시에도 부인들이 지은 작품이 가장 많다네. (…)" 드디어 대략 교정을 보고 정리하여 돌려주었다.[20]

사위 이대우가 처남의 부탁으로 어머니 홍원주의 시집을 편찬하게 되었다는 것이다. 다만 여자의 글을 세상에 내놓는 것이 염려되었는지, 『시경』에도 부인들의 작품이 많다고 변명조로 말하고 있다.

남편 서유본의 『규합총서』 저술 지원

조선 시대에 가장 이상적인 부부를 꼽으라면 단연코 서유본(徐有本, 1762~1822)과 이빙허각(李憑虛閣, 1759~1824)을 꼽고 싶다. 그들은 평소 금슬 좋은 부부 관계를 토대로 세상에 이로운 학문을 했던 진정한 '학문적 동반자'였다.

빙허각은 이창수와 진주류씨의 1남 1녀 중 막내딸로 태어났다. 이사주당이 그녀의 외숙모였다. 그녀는 어릴 적부터 매우 총명하여 부모가 아들처럼 여기며 학문을 가르쳤고, 자라서는 스스로 많은 책을 읽고 글을 지어 여사(女士)라고 불렸다.

빙허각은 15세에 세 살 연하인 서유본과 결혼했다. 시댁인 달성서씨는 서영수합의 집안으로, 삼정승과 삼대제학을 배출한 경화사족(京華士族)이자 실학 중 특히 농학(農學) 분야에서 유명한 집

『규합총서』 조선, 26×20cm, 국립민속박물관 소장

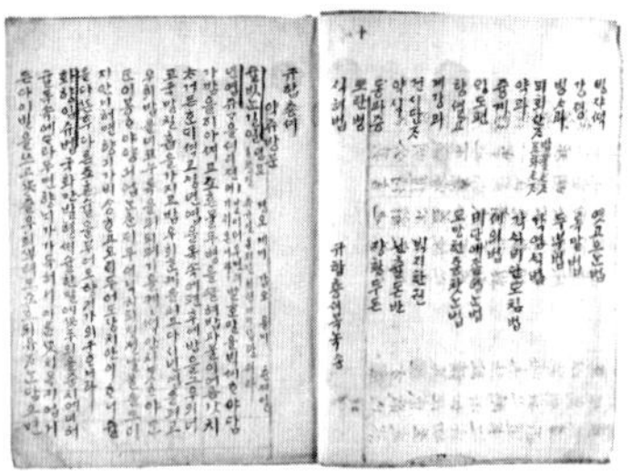

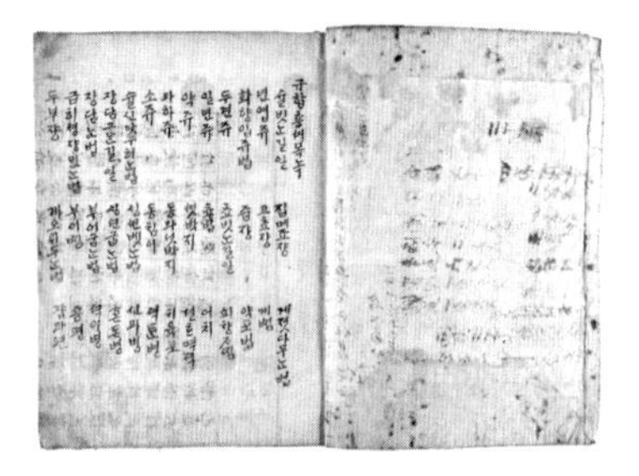

안이었다. 물론 남편 서유본도 어릴 때부터 재주가 뛰어나고 글을 잘 지었다. 22세에 생원시에 합격했으나 아쉽게도 대과에는 급제하지 못했다. 이후 그는 43세가 돼서야 음직으로 종9품 동몽교관이 되었다.

이들 부부는 평소 틈나는 대로 함께 앉아 공부하고 시를 주고받는 아름다운 부부 관계를 보여 주었다. 시동생 서유구가 쓴 묘지명의 일부분을 보이면 다음과 같다.

> 우리 형님은 가정의 훈육을 공손히 받아들여 독서에 열중하셨다. 평소에는 문밖을 나가 사람을 사귀지 않으시고

> 독서하다가 틈이 날 때에는 형수님과 더불어 경전을 토론하시고 고금의 시체(詩體)로 시를 주고받으셨다. 붉고 노란 붓과 벼루가 가위나 자 틈에 섞여 있었으니 훌륭한 아내이자 좋은 벗이었다.[21]

서유본은 밖에 나가 사람들을 만나기보다는 집안에서 독서하며 틈날 때마다 아내와 함께 경전을 토론하거나 시 짓기를 좋아했다. 그래서 방 안엔 항상 붓과 벼루가 바느질하는 가위나 자와 뒤섞여 있었다는 것이다. 그 모습이 눈에 보이듯 그려진다.

하지만 서유본의 나이 45세인 1806년 숙부 서형수, 즉 서영수합의 아버지가 김달순의 옥사에 연루되어 유배를 당하면서 집안은 한순간에 몰락하고 말았다. 시동생 서유구는 향리로 쫓겨나고, 서유본도 삼호(三湖)의 행정(杏亭)으로 옮겨 가 독서와 저술로 세월을 보내야 했다.

집안이 몰락하고 생계가 곤란해지자 빙허각은 실학자 집안답게 곧장 팔을 걷어붙이고 경제 활동을 시작했다. 대신에 서유본은 안팎의 살림을 모두 주관하는 아내를 위해 시를 지어 위로했다. 빙허각도 집안일을 하는 틈틈이 사랑방으로 가서 남편과 함께 책을 보며 토론하기도 했다. 그런 도중에 서유본은 빙허각에게 가정학 분야의 대저작인 『규합총서』를 저술하도록 제안했다.

나아가 서유본은 빙허각이 저술을 마치자, 시를 지어 축하해 줄 뿐 아니라 그 책의 제목을 『규합총서』라고 지어 주기도 했다. 이러한 내막은 서유본의 『좌소산인문집』(左蘇山人文集) 권1에 잘 나타나 있다.

산에 사는 아내는 벌레나 물고기에 대해 잘 알고
시골 살림을 경영함에도 성글지 않네.
밝은 달빛과 갈대밭에서 함께 꿈에 늙고
『입택』(笠澤)을 좇아 총서를 엮었네.

나의 아내가 여러 책에서 뽑아 모아서 각각 항목별로 나누었다. 시골의 살림살이에 요긴하지 않은 것이 없고, 더욱이 초목, 새, 짐승의 성미에 대해서는 아주 상세하다. 내가 그 책 이름을 명명하여 『규합총서』라고 했다.[22]

빙허각이 당나라 시인 육구몽(陸龜蒙)의 『입택총서』(笠澤叢書)를 본받아 하나의 총서를 지었는데, 일상생활에 아주 요긴하다는 것이다. 그래서 서유본이 그 책의 제목을 『규합총서』라고 지었다고 한다.

양자 성태영의 『정일헌시집』 간행

조선 후기의 내외를 엄격히 가르던 인식이 조선 말기에 이르면 조금씩 변화가 생기기 시작했다. 여자가 문장을 짓는 것을 굳이 막을 필요가 없다는 인식이 있었던 듯하다. 그 대표적인 예가 조선 말기 문단의 거장인 이건창(李建昌, 1852~1898)으로, 그는 『정일헌시집』(貞一軒詩集)의 서문에서 이렇게 말했다.

더욱이 규방 안에서 길쌈과 음식에 힘쓰면서 문사와 성운에 미쳐 풍아의 아름다움을 추구할 수 있겠는가! 부인이 시를 짓는 것이 마땅치 않아서가 아니라, 단지 시를 지을 겨를이 없어서일 뿐이다. 만약 빼어나고 특출한 재능을 가진 부인이 예를 갖추고 덕을 베풀며 길쌈을 남에게 맡기거나 할 일을 그만두지 않는다면, 누가 말을 꺼내 문장을 짓는 것을 막겠는가![23]

즉, 여자가 살림을 잘하면서 그 여가에 문장을 지으면 반대할 이유가 없다는 말이다.

남정일헌(南貞一軒, 1840~1922)은 숙종 때의 학자이며 정치가인 남구만(南九萬)의 후손인 남세원(南世元)의 딸로, '정일헌'은 자기 방의 편액 이름이다. 그녀는 우계 성혼의 후손인 성대호(成大鎬, 1839~1859)와 결혼했으나, 성대호는 21세의 젊은 나이에 후사도 없이 세상을 떠나고 말았다. 이후 정일헌은 시동생을 친동생처럼 여기며 살았고, 친족 중에서 성태영(成台永)을 양자로 들여 친자식처럼 사랑으로 키웠다. 젊은 시절엔 주로 서울에서, 만년엔 충청도 예산에서 지냈다고 한다.

정일헌은 평소 살림하는 여가에 시를 자주 썼지만 깊이 숨기고 남에게 보여 주지 않았다. 다만 이종사촌인 이건창만이 그녀의 시 짓는 모습을 볼 수 있었는데, 그때마다 몰래 암송하고 물러나와 적어서 상자 속에 간직해 두곤 했다. 그런데 이건창이 1896년 유배를 가던 도중 정일헌의 집에 잠시 들렀는데, 양자 성태영이 『정일헌시집』을 보여 주며 서문을 부탁한 것이었다.

성태영이 내게 조용히 말했다. "지난해에 토구의 난리(동학난)가 났을 때 어머님이 온 집안 식구를 데리고 피란을 가시면서 서둘러 시고(詩藁)를 불에 던지며 '내가 손수 쓴 필적을 길에 흘릴 순 없다'라고 하셨습니다. 난리가 평정되고 나서 제가 다시 부본을 수습하여 한 권으로 엮었습니다. 그대가 아니면 서문을 써 줄 사람이 없다 생각하여 길을 떠나 만나 뵙고 부탁하려 했습니다. 지금 그대는 불행히 여기까지 왔으나 나는 다행히 그대를 만났으니, 감히 부탁드립니다." 나는 이렇게 대답했다. "자네가 이 말을 안 했더라도 나도 글 상자 속에 간직하던 누님의 시고를 후세에 전하려 했고, 그 일을 도우려 했었네. 그런데 자네가 벌써 이렇게 마음을 썼군." 마침내 사양하지 않고 서문을 썼다.[24]

정일헌은 1894년 동학난 때 피란을 가면서 자신의 시가 함부로 버려지고 남에게 보일까 두려워 불에 태우려 했던 듯하다. 다행히 양자 성태영이 부본을 수습하여 한 권의 책으로 편집한 뒤 이건창에게 서문을 부탁했다는 것이다.

이후 1922년 정일헌이 사망하자 성태영은 다시 그것을 토대로 본격적인 시집으로 간행하면서 이건창의 아우인 이건승(李建昇)에게 발문을 받기도 했다.

조선 말기에 이르면 여자의 창작 활동에 대해 비교적 우호적인 사회 분위기가 형성되었고, 그러한 시대 흐름에 힘입어 아들과 일가친척이 정일헌의 시집을 공식적으로 간행하였다.

글을 마치며

한국 가부장제를 재조명하자

아직도 많은 사람들이 한국은 아주 옛날부터 엄격한 가부장제 사회였다고 생각한다. 물론 정치 영역 등 특정 분야에서 여자의 참여가 원천적으로 배제되었으니, 일면 가부장제 사회가 맞다. 하지만 우리의 일상생활에 직접적으로 영향을 미치는 집안을 둘러싼 실질 사회에서의 가부장제를 살펴보면, 훨씬 후대의 어쩌면 비교적 최근인 일제강점기와 현대 산업화 시대에 이르러 엄격한 가부장제가 형성되었음을 알 수 있다.

조선은 인간이 살아가는 데 필요한 거의 모든 것들을 집안에서 자급자족하던 가족 사회였다. 한마디로 집안은 소규모의 사회였다.

집안에서의 남녀 간 역할 구분은 뚜렷하지 않았고 상황에 따라 매우 유동적이었다. 물론 조선 후기엔 성리학이 강화됨으로써 내외의 구별이 엄격해지긴 했지만, 그것은 단면일 뿐 실제로 집안 살림에서의 남자의 역할과 비중은 매우 컸다.

조선 시대 여자는 임신과 출산이 가장 중요한 문제였기 때문에 주로 집안에서 할 수 있는 음식과 의복을 담당했다. 반면에 남자는 물질적·정서적 측면에서의 각종 집안 살림을 담당했다. 다양한 생계활동을 비롯해서 의식주 마련 등 안살림에도 적극 참여했고, 그

밖의 재산 증식이나 노비 관리, 봉제사 접빈객 등도 담당했다. 정서적인 측면에서는 훨씬 그 역할이 컸다. 원만한 부부 관계로 집안을 화목하게 했고, 아들과 딸, 며느리 등 자식들뿐만 아니라 손자들의 양육과 교육도 책임졌다. 또 본래 여자의 영역이라 할 수 있는 임신과 출산 및 육아에도 적극 참여했으며, 가족의 행복을 위해 꽃과 나무를 심고 기르며 정원을 가꾸기도 했다. 더 나아가 아내나 어머니, 누이 등 여자의 작품 활동을 통한 사회적인 자아를 실현할 수 있도록 외조했다.

조선 시대에는 남자가 오히려 여자보다 훨씬 많은 살림을 했다고 해도 과언이 아니었다. 다시 말해 조선 시대 정치적(국가적) 가부장제의 모습을 과도하게 집안의 영역까지 대입할 수 없음을 알 수 있다.

그렇다면 집안 살림을 여자의 역할로 규정하고 남자는 집 밖 일터에서 오로지 경제 활동에만 종사한 것은 언제부터였을까? 여전히 우리가 겪고 있는 이러한 성별 역할 구분은 일제강점기와 현대의 산업화 시대에 본격적으로 형성되었다. 그것도 내재적, 자발적인 생성이 아닌 근현대의 식민지와 전쟁, 자본주의 산업화라는 외재적, 타의적인 주입이었다.

1910년 이후 35년 동안 일본의 다각적이고 철저한 탄압으로 우리의 민족 문화는 말살되기 직전까지 갔고, 1945년 광복 후 미군정의 지배, 1950년 한국전쟁, 1970년대 경제개발이라는 기치 아래 전통적인 모든 가치가 몰가치화되면서 급속도로 자본주의 산업사회로 편입되었다. 이 모든 사건이 채 한 세기도 되지 않은 기간에 일어났다. 이 시기에 우리의 전통 문화는 철저히 쓸데없는 것,

『일본부인(조선판)』(日本婦人 朝鮮版) 현담문고 소장. 1944년 대일본부인회 조선본부에서 한국 여자를 전쟁의 도구로 동원하기 위해 창간한 회보. 대일본부인회가 1942년 11월에 창간한 기관지 『일본부인』과 별도로 1944년 4월 조선판을 창간하였다. 잡지 발간의 목적은 1940년대 일본의 침략 전쟁 수행을 위해 구축한 전시총동원체제 하에서 일본 제국주의 전쟁을 승리로 이끌기 위한 고도 국방 체제에 걸맞은 한국 여자의 전사화(戰士化)에 있었다.

청산해야 할 구시대의 낡은 유물로 매도되었다. 특히 조선 시대의 유교 문화는 식민주의 사관과 서구 중심적 사고 때문에 부정적인 이미지로 변질되어 버렸다.

남녀 간 역할이 구분된 현대 가부장제의 정착도 마찬가지였다. 먼저 일제의 식민지가 되어 강제로 근대화를 겪으면서 우리나라는 집안보다 사회의 비중이 커지기 시작했다. 또 사회와 집안은 공(公)과 사(私)로 구분되면서 집안은 철저히 사적 영역으로 치부되었다. 그와 함께 사회는 남자의 영역으로, 집안은 여자의 영역으로 각각 역할을 부여받았다. 조선 시대만 해도 집안 자체가 공이면서 사였는데, 이 시기부터는 남녀의 역할 구분만큼이나 집안과 사회의 구분도 뚜렷해졌다. 이제 남자는 사회에 나가 경제 활동만 담당하면 되었고, 여자는 가정에 남아 전업 주부로서 가사를 담당함은 물론 어머니로서 자녀를 양육해야 했다.[1]

특히 이러한 남녀의 뚜렷한 성별 역할 구분은 1937년 중일전쟁을 계기로 더욱 강화되었다. 이 시기 남자는 직장에서 맡은 바 역할을 충실히 수행해야 하며, 전쟁에 임해서는 군인으로서의 역할을 다해야 했다. 다시 말해 남자를 사회적, 국가적 인간으로 환원시키는 것이 중요했다.[2]

반면에 일제의 식민지 여자 교육의 목표는 조선인의 황국 신민화와 함께 부덕(婦德)의 함양을 통한 '현모양처' 양성에 있었다. 현모양처는 우리나라의 전통적, 유교적 관념이 아닌 일본의 메이지 시대에 만들어진 것으로, 일제에 의해 의도적, 조직적으로 식민지 사회에 이식된 근대의 왜곡된 여성상이었다. 원래 조선 시대에 '양처'는 '양민 신분의 처'라는 신분적 개념이었는데, 일제는 이를 가사 노동의 전담자로 만들었다. 또 조선 시대에 '현모'는 어진 어머니 정도의 뜻이었고 무엇보다 당시엔 남자가 자녀 교육의 담당자였는데, 일제는 이를 여자의 역할로 바꾸었다.[3] 이후 현모양처는 한국 여성의 삶을 규정짓는 주요한 이데올로기가 되었고, 특히 신사임당은 전통적 현모양처의 표상이 되어 남녀의 성별 역할 구분을 공고히 하는 핵심적 역할을 담당했다.[4]

한편, 1970년대 이후 산업화 사회로 접어들면서 사회와 가정은 완전히 분리되었고, 남자와 여자의 성별 노동 분업도 강화되었다. 자본주의 산업사회에서 남자는 일터에 나가 가족을 부양하는 가장(家長)이 되고, 여자는 가정에 남아 가사 노동과 자녀 양육을 담당하는 주부(主婦)가 되었다. 게다가 이제 여자는 집안일뿐 아니라 '사랑'이라는 정서적인 역할까지 부여받았다. 사랑과 정성으로 남편을 비롯한 자식들을 건사해야 한다는 것이다.[5] 이로써 남자는 생산자, 여자는 소비자라는 인식이 널리 확산되었으며, 가정은 이제 소비 공간이자 휴식 공간으로 낮게 평가받게 되었다.

여자의 사회 참여 비율이 남자와 동등한 현대에도 여전히 많은 남자들이 근대에 형성된 왜곡된 가부장적 관념에 묶여 있다. 이들은 여전히 집안일과 육아, 자식 교육을 아내에게 맡긴 채 자신은 오로지 경제 활동에만 골몰한다. 심지어 그마저도 내팽개치는 남자도 있다.

반면에 여자는 경제 활동을 하면서 집안일과 양육까지 도맡아 한다. 그리고 그 결과가 현재 '인구 절벽'이라는 매우 우려스러운 형태로 나타나고 있다.

이제는 남녀 모두가 자유롭고 공평하게 사회 활동과 집안 살림에 참여할 수 있어야 한다. 여자의 일-가정 양립 못지않게 남자의 일-가정 양립 역시 중요하다. 언제까지 가부장제 운운하며 현 사태를 관망만 할 것인가. 82년생 김지영의 남편들이여, 당신들의 생각은 틀렸다.

미주

1장

1 『삼봉집』 권7, 혼인조.
2 『중종실록』 권12, 중종 5년 12월 19일조.
3 이덕무 지음, 강국주 편역, 『깨끗한 매미처럼 향기로운 귤처럼-이덕무 선집』, 돌베개, 2008, 26면.
4 『미암일기』 1집, 담양향토문화연구회, 1992, 40~41면.
5 황위주, 「「사부일과」를 통해 본 선비의 하루 일상」, 『퇴계학논집』 15호, 영남퇴계학연구원, 2014, 189면.
6 오희문 저, 이민수 역, 『쇄미록』 하, 해주오씨추천공파종중, 1990, 100면.
7 『성소부부고』 제23권, 민족문화추진회, 1967, 152면.
8 이황 지음, 이장우·전일주 옮김, 『퇴계 이황, 아들에게 편지를 쓰다』, 연암서가, 2008, 222면.
9 이황 지음, 이장우·전일주 옮김, 『퇴계 이황, 아들에게 편지를 쓰다』, 연암서가, 2008, 249면.
10 김만중 외 지음, 전송렬 옮김, 『사친』(思親), 서해문집, 2007, 129면.
11 백승종, 『조선의 아버지들』, 사우, 2016, 110~125면.
12 『성호사설』 Ⅰ, 민족문화추진회, 1977, 24~25면.
13 이민수 역주, 『이조한문소설선』, 서문문고, 1975, 129~130면.

2장

1 서유구 지음, 정명헌·김정기 역주, 『임원경제지: 본리지』, 소와당, 2008.
2 『미암일기』 3집, 담양향토문화연구회, 1994, 499면.
3 『미암일기』 3집, 담양향토문화연구회, 1994, 654면.
4 『미암일기』 4집, 담양향토문화연구회, 1996, 70면.
5 『미암일기』 4집, 담양향토문화연구회, 1996, 211면.

6 이성임, 「16세기 조선 양반관료의 사환과 그에 따른 수입」, 『역사학보』 145, 역사학회, 1995, 94~97면.
7 『미암일기』 1집, 담양향토문화연구회, 1992, 449면.
8 『미암일기』 1집, 담양향토문화연구회, 1992, 571면.
9 『미암일기』 1집, 담양향토문화연구회, 1992, 169면.
10 『미암일기』 1집, 담양향토문화연구회, 1992, 190면.
11 『미암일기』 1집, 담양향토문화연구회, 1992, 364면.
12 『미암일기』 1집, 담양향토문화연구회, 1992, 334면.
13 『미암일기』 1집, 담양향토문화연구회, 1992, 183면.
14 『미암일기』 1집, 담양향토문화연구회, 1992, 563면.
15 『미암일기』 1집, 담양향토문화연구회, 1992, 318면.
16 이황 지음, 이장우·전일주 옮김, 『퇴계 이황, 아들에게 편지를 쓰다』, 연암서가, 2008, 206면.
17 이황 지음, 이장우·전일주 옮김, 『퇴계 이황, 아들에게 편지를 쓰다』, 연암서가, 2008, 217면.
18 이황 지음, 이장우·전일주 옮김, 『퇴계 이황, 아들에게 편지를 쓰다』, 연암서가, 2008, 225면.
19 서유구 지음, 정명현·김정기 역주, 『임원경제지: 본리지』, 소와당, 2008, 193~195면.
20 오희문 저, 이민수 역, 『쇄미록』 상, 해주오씨추천공파종중, 1990, 291면.
21 오희문 저, 이민수 역, 『쇄미록』 상, 해주오씨추천공파종중, 1990, 314면.
22 오희문 저, 이민수 역, 『쇄미록』 하, 해주오씨추천공파종중, 1990, 82면.
23 오희문 저, 이민수 역, 『쇄미록』 상, 해주오씨추천공파종중, 1990, 433면.
24 오희문 저, 이민수 역, 『쇄미록』 상, 해주오씨추천공파종중, 1990, 452면.
25 오희문 저, 이민수 역, 『쇄미록』 상, 해주오씨추천공파종중, 1990, 457면.
26 오희문 저, 이민수 역, 『쇄미록』 상, 해주오씨추천공파종중, 1990, 457면.
27 오희문 저, 이민수 역, 『쇄미록』 하, 해주오씨추천공파종중, 1990, 285면.
28 오희문 저, 이민수 역, 『쇄미록』 하, 해주오씨추천공파종중, 1990, 285면.
29 이익 저, 양기정 역, 『성호전집』 17, 한국고전번역원, 2016, 233~234면.
30 이익 지음, 김대중 편역, 『나는 모든 것을 알고 싶다』, 돌베개, 2010, 23면.
31 오희문 저, 이민수 역, 『쇄미록』 상, 해주오씨추천공파종중, 1990, 236면.
32 오희문 저, 이민수 역, 『쇄미록』 하, 해주오씨추천공파종중, 1990, 164면.

33　한정주, 『조선의 거상, 경영을 말하다』, 비즈페이퍼, 2007, 160면.
34　박지원 저, 김혈조 역, 『(개정신판) 열하일기 1』, 돌베개, 2017, 219면.
35　박제가 저, 안대회 역, 『완역정본 북학의』, 돌베개, 2013, 138~139면.

3장

1　오희문 저, 이민수 역, 『쇄미록』 상, 해주오씨추천공파종중, 1990, 180~181면.
2　오희문 저, 이민수 역, 『쇄미록』 상, 해주오씨추천공파종중, 1990, 181면.
3　백두현, 『현풍곽씨언간 주해』, 태학사, 2003, 253면.
4　백두현, 『현풍곽씨언간 주해』, 태학사, 2003, 401면.
5　김지홍 외, 『국역 노상추일기』 1, 국사편찬위원회, 2017, 465면.
6　김지홍 외, 『국역 노상추일기』 2, 국사편찬위원회, 2017, 46면.
7　오희문 저, 이민수 역, 『쇄미록』 하, 해주오씨추천공파종중, 1990, 202면.
8　오희문 저, 이민수 역, 『쇄미록』 하, 해주오씨추천공파종중, 1990, 204면.
9　「16세기 역사상의 재해석: 『묵재일기』 교감 및 역주 사업」, 한국학진흥사업 성과포털(한국학중앙연구원), 2014.
10　오희문 저, 이민수 역, 『쇄미록』 하, 해주오씨추천공파종중, 1990, 286면.
11　남미혜, 「조선후기 사대부가 여성의 치산과 경제활동」, 『동양고전연구』 64집, 동양고전학회, 2016, 197면.
12　백두현, 『현풍곽씨언간 주해』, 태학사, 2003, 469~470면.
13　오희문 저, 이민수 역, 『쇄미록』 상, 해주오씨추천공파종중, 1990, 191면.
14　정창권, 『천리 밖에서 나는 죽고 그대는 살아서』, 돌베개, 2020, 125~126면.
15　정창권, 『천리 밖에서 나는 죽고 그대는 살아서』, 돌베개, 2020, 238~239면.
16　『미암일기』 1집, 담양향토문화연구회, 1992, 255~257면.
17　『미암일기』 1집, 담양향토문화연구회, 1992, 427면.
18　『미암일기』 1집, 담양향토문화연구회, 1992, 449면.
19　「16세기 역사상의 재해석: 『묵재일기』 교감 및 역주 사업」, 한국학진흥사업 성과포털(한국학중앙연구원), 2014.
20　「16세기 역사상의 재해석: 『묵재일기』 교감 및 역주 사업」, 한국학진흥사업 성과포털(한국학중앙연구원), 2014.

4장

1 윤진영, 『조선시대의 삶, 풍속화로 만나다』, 다섯수레, 2015, 30~33면.
2 이시필 지음, 백승호·부유섭·장유승 옮김, 『소문사설-조선의 실용지식 연구노트』, 휴머니스트, 2011, 55~56면.
3 진병춘, 『풍석 서유구』, 씨앗을뿌리는사람, 2014, 146~147면.
4 박유상, 『풍석 서유구, 조선의 브리태니커를 펴내다』, 2017, 126~127면.
5 윤국일 옮김, 『신편 경국대전』, 신서원, 1998, 51~52면.
6 윤국일 옮김, 『신편 경국대전』, 신서원, 1998, 88~90면.
7 윤국일 옮김, 『신편 경국대전』, 신서원, 1998, 453~454면; 김상보, 『조선왕실의 풍정연향』, 민속원, 2016, 112~119면.
8 김상보, 『조선시대의 음식문화』, 가람기획, 2006, 26~29면.
9 김상보, 『조선시대의 음식문화』, 가람기획, 2006, 37면.
10 한복려 외, 『음식고전』, 현암사, 2016, 100~103면.
11 이시필 지음, 백승호·부유섭·장유승 옮김, 『소문사설-조선의 실용지식 연구노트』, 휴머니스트, 2011, 98면.
12 이시필 지음, 백승호·부유섭·장유승 옮김, 『소문사설-조선의 실용지식 연구노트』, 휴머니스트, 2011, 98~99면.
13 박지원 지음, 박희병 옮김, 『고추장 작은 단지를 보내니』, 돌베개, 2005, 26면.
14 박지원 지음, 박희병 옮김, 『고추장 작은 단지를 보내니』, 돌베개, 2005, 35면.
15 오희문 저, 이민수 역, 『쇄미록』 상, 해주오씨추천공파종중, 1990, 418면.
16 오희문 저, 이민수 역, 『쇄미록』 하, 해주오씨추천공파종중, 1990, 171면.
17 백두현, 『현풍곽씨언간 주해』, 태학사, 2003, 463면.
18 김유 지음, 김채식 옮김, 『수운잡방』, 글항아리, 2015, 13~15면.
19 김유 지음, 김채식 옮김, 『수운잡방』, 글항아리, 41면.
20 곽미경, 『조선 셰프 서유구』, 씨앗을뿌리는사람, 2017, 326면.
21 서유구 지음, 이효지 외 편역, 『임원십육지 정조지』, 교문사, 2007, 162면.
22 한복려 외, 『음식고전』, 현암사, 2016, 참조.

5장

1 『미암일기』 1집, 담양향토문화연구회, 1992, 127면.

2 김건태, 「이황의 가산경영과 치산이재」, 『퇴계학보』 130집, 퇴계학연구원, 2011, 194면.

3 이장우 엮음, 『퇴계일기』, 중문출판사, 2000, 160면.

4 이황 지음, 이장우·전일주 옮김, 『퇴계 이황, 아들에게 편지를 쓰다』, 연암서가, 2008, 75면.

5 이황 지음, 이장우·전일주 옮김, 『퇴계 이황, 아들에게 편지를 쓰다』, 연암서가, 2008, 153면.

6 이황 지음, 이장우·전일주 옮김, 『퇴계 이황, 아들에게 편지를 쓰다』, 연암서가, 2008, 274면.

7 이황 지음, 이장우·전일주 옮김, 『퇴계 이황, 아들에게 편지를 쓰다』, 연암서가, 2008, 282~283면.

8 『미암일기』 1집, 담양향토문화연구회, 1992, 140면.

9 『미암일기』 3집, 담양향토문화연구회, 1994, 15면.

10 『미암일기』 5집, 담양향토문화연구회, 1996, 142면.

11 『미암일기』 5집, 담양향토문화연구회, 1996, 162면.

12 『미암일기』 5집, 담양향토문화연구회, 1996, 163면.

13 김건태, 「이황의 가산경영과 치산이재」, 『퇴계학보』 130집, 퇴계학연구원, 2011, 169면, 재인용.

14 이황 지음, 이장우·전일주 옮김, 『퇴계 이황, 아들에게 편지를 쓰다』, 연암서가, 2008, 123~124면.

15 정약용 지음, 박석무 편역, 『유배지에서 보낸 편지』, 창작과비평사, 1991, 171면.

16 정약용 지음, 박석무 편역, 『유배지에서 보낸 편지』, 창작과비평사, 1991, 249면.

17 오희문 저, 이민수 역, 『쇄미록』 하, 해주오씨추천공파종중, 1990, 237면.

18 『미암일기』 1집, 담양향토문화연구회, 1992, 177면.

19 신해진, 『조선후기 세태소설선』, 월인, 1999, 468~469면.

20 정창권, 『정조처럼 소통하라』, 사우, 2018, 38~41면.

21 이황 지음, 이장우·전일주 옮김, 『퇴계 이황, 아들에게 편지를 쓰다』, 연암서가, 2008, 78~79면.

22 정창권, 『홀로 벼슬하여 그대를 생각하노라』, 사계절, 2003, 47~48면.

23 『미암일기』 1집, 담양향토문화연구회, 1992, 291면.
24 『미암일기』 1집, 담양향토문화연구회, 1992, 361면.
25 『미암일기』 1집, 담양향토문화연구회, 1992, 525면.
26 『미암일기』 1집, 담양향토문화연구회, 1992, 324, 326면.
27 『미암일기』 5집, 담양향토문화연구회, 1996, 128면.
28 오희문 저, 이민수 역, 『쇄미록』 상, 해주오씨추천공파종중, 1990, 370~371면.
29 『미암일기』 1집, 담양향토문화연구회, 1992, 323면.
30 오희문 저, 이민수 역, 『쇄미록』 상, 해주오씨추천공파종중, 1990, 189면.
31 이황 지음, 이장우·전일주 옮김, 『퇴계 이황, 아들에게 편지를 쓰다』, 연암서가, 2008, 191면.
32 이황 지음, 이장우·전일주 옮김, 『퇴계 이황, 아들에게 편지를 쓰다』, 연암서가, 2008, 249면.
33 정창권, 『천리 밖에서 나는 죽고 그대는 살아서』, 돌베개, 2020, 127면.
34 정창권, 『천리 밖에서 나는 죽고 그대는 살아서』, 돌베개, 2020, 129면.
35 정창권, 『천리 밖에서 나는 죽고 그대는 살아서』, 돌베개, 2020, 259면.
36 정창권, 『천리 밖에서 나는 죽고 그대는 살아서』, 돌베개, 2020, 273면.

6장

1 정창권, 『천리 밖에서 나는 죽고 그대는 살아서』, 돌베개, 2020, 257~258면.
2 『미암일기』 1집, 담양향토문화연구회, 1992, 335면.
3 김경숙, 「16세기 사대부 집안의 제사설행과 그 성격」, 『진단학보』 98, 진단학회, 2000, 24~25면.
4 권오영, 「조선조 사대부 제례의 원류와 실상」, 『민족문화논총』 46집, 영남대학교 민족문화연구소, 2010, 465~467면.
5 권오영, 「조선조 사대부 제례의 원류와 실상」, 『민족문화논총』 46집, 영남대학교 민족문화연구소, 2010, 460면.
6 권오영, 「조선조 사대부 제례의 원류와 실상」, 『민족문화논총』 46집, 영남대학교 민족문화연구소, 2010, 462면.
7 권오영, 「조선조 사대부 제례의 원류와 실상」, 『민족문화논총』 46집, 영남대학교 민족문화연구소, 2010, 462면.

8 백승종, 『선비와 함께 춤을』, 사우, 2018, 39면.

9 정창권, 『천리 밖에서 나는 죽고 그대는 살아서』, 돌베개, 2020, 108면.

10 정창권, 『천리 밖에서 나는 죽고 그대는 살아서』, 돌베개, 2020, 189면.

11 백두현, 『현풍곽씨언간 주해』, 태학사, 2003, 387면.

12 백두현, 『현풍곽씨언간 주해』, 태학사, 2003, 412면.

13 『미암일기』 4집, 담양향토문화연구회, 1996, 25면.

14 이기영·김성희·이현아, 「조선시대 양반가의 남녀간 가사노동 분담」, 『한국가족자원경영학회지』 11권 4호, 한국가족자원경영학회, 2007, 131~132면.

15 『미암일기』 2집, 담양향토문화연구회, 1993, 16면.

16 『미암일기』 1집, 담양향토문화연구회, 1991, 215면.

17 『미암일기』 1집, 담양향토문화연구회, 1991, 21면.

18 백두현, 『현풍곽씨언간 주해』, 태학사, 2003, 343~344면.

19 백두현, 『현풍곽씨언간 주해』, 태학사, 2003, 180~181면.

7장

1 이황 지음, 정석태 옮김, 『안도에게 보낸다』, 들녘, 2005, 17~18면.

2 정창권, 『천리 밖에서 나는 죽고 그대는 살아서』, 돌베개, 2020, 173면.

3 『미암일기』 1집, 담양향토문화연구회, 1991, 160면.

4 『미암일기』 1집, 담양향토문화연구회, 1991, 163면.

5 『미암일기』 1집, 담양향토문화연구회, 1991, 164면.

6 「16세기 역사상의 재해석: 『묵재일기』 교감 및 역주 사업」, 한국학진흥사업 성과포털(한국학중앙연구원), 2014.

7 『미암일기』 1집, 담양향토문화연구회, 1991, 548면.

8 『미암일기』 3집, 담양향토문화연구회, 1994, 392면.

9 『미암일기』 3집, 담양향토문화연구회, 1994, 392~393면.

10 정창권, 『천리 밖에서 나는 죽고 그대는 살아서』, 돌베개, 2020, 108면.

11 정창권, 『천리 밖에서 나는 죽고 그대는 살아서』, 돌베개, 2020, 110면.

12 정창권, 『천리 밖에서 나는 죽고 그대는 살아서』, 돌베개, 2020, 270~271면.

13 윤국일 옮김, 『신편 경국대전』, 신서원, 1998, 432~433면.

14 성백효 역주, 『소학집주』, 전통문화연구회, 1993, 133면.

15 오희문 저, 이민수 역, 『쇄미록』 하, 해주오씨추천공파종중, 1990, 177면.
16 오희문 저, 이민수 역, 『쇄미록』 하, 해주오씨추천공파종중, 1990, 361면.
17 『미암일기』 2집, 담양향토문화연구회, 1993, 143면.
18 『미암일기』 3집, 담양향토문화연구회, 1994, 421면.
19 『미암일기』 3집, 담양향토문화연구회, 1994, 422면.

8장

1 정창권, 『천리 밖에서 나는 죽고 그대는 살아서』, 돌베개, 2020, 119면.
2 이황 지음, 이장우·전일주 옮김, 『퇴계 이황, 아들에게 편지를 쓰다』, 연암서가, 2008, 25면.
3 이황 지음, 이장우·전일주 옮김, 『퇴계 이황, 아들에게 편지를 쓰다』, 연암서가, 2008, 32면.
4 박지원 지음, 박희병 옮김, 『고추장 작은 단지를 보내니』, 돌베개, 14면.
5 이황 지음, 이장우·전일주 옮김, 『퇴계 이황, 아들에게 편지를 쓰다』, 연암서가, 2008, 119면.
6 박지원 지음, 박희병 옮김, 『고추장 작은 단지를 보내니』, 돌베개, 50면.
7 유만주, 김하라 편역, 『일기를 쓰다』 1, 돌베개, 2015, 293면.
8 유만주, 김하라 편역, 『일기를 쓰다』 1, 돌베개, 2015, 294면.
9 유만주, 김하라 편역, 『일기를 쓰다』 1, 돌베개, 2015, 308면.
10 이황 지음, 이장우·전일주 옮김, 『퇴계 이황, 아들에게 편지를 쓰다』, 연암서가, 2008, 24면.
11 이황 지음, 이장우·전일주 옮김, 『퇴계 이황, 아들에게 편지를 쓰다』, 연암서가, 2008, 29면.
12 이황 지음, 이장우·전일주 옮김, 『퇴계 이황, 아들에게 편지를 쓰다』, 연암서가, 2008, 37면.
13 이황 지음, 이장우·전일주 옮김, 『퇴계 이황, 아들에게 편지를 쓰다』, 연암서가, 2008, 295면.
14 박지원 지음, 박희병 옮김, 『고추장 작은 단지를 보내니』, 돌베개, 2005, 26면.
15 박지원 지음, 박희병 옮김, 『고추장 작은 단지를 보내니』, 돌베개, 2005, 98면.
16 박지원 지음, 박희병 옮김, 『고추장 작은 단지를 보내니』, 돌베개, 2005, 79면.

17 이건창 외 지음, 박석무 편역, 『나의 어머니, 조선의 어머니』, 현대실학사, 1998, 187면.
18 박무영 외 지음, 『조선의 여성들, 부자유한 시대에 너무나 비범했던』, 돌베개, 2004, 136면.
19 정창권, 『한국 고전여성소설의 재발견』, 지식산업사, 2002, 45~47면.
20 송석효·이성재 편, 『계녀서』, 동환출판사, 1986, 63면.

9장

1 이문건 저, 이상주 역주, 『양아록』, 태학사, 1997, 86~87면.
2 「16세기 역사상의 재해석: 『묵재일기』 교감 및 역주 사업」, 한국학진흥사업 성과포털(한국학중앙연구원), 2014.
3 「16세기 역사상의 재해석: 『묵재일기』 교감 및 역주 사업」, 한국학진흥사업 성과포털(한국학중앙연구원), 2014.
4 이문건 저, 이상주 역주, 『양아록』, 태학사, 1997, 124면.
5 「16세기 역사상의 재해석: 『묵재일기』 교감 및 역주 사업」, 한국학진흥사업 성과포털(한국학중앙연구원), 2014.
6 이황 지음, 이장우·전일주 옮김, 『퇴계 이황, 아들에게 편지를 쓰다』, 연암서가, 2008, 42면.
7 이황 지음, 정석태 옮김, 『안도에게 보낸다』, 들녘, 2005, 20면.
8 이황 지음, 정석태 옮김, 『안도에게 보낸다』, 들녘, 2005, 255면.
9 정창권, 『정조처럼 소통하라』, 사우, 2018, 111면.
10 『미암일기』 5집, 담양향토문화연구회, 1996, 166면.
11 『미암일기』 5집, 담양향토문화연구회, 1996, 177면.
12 『미암일기』 5집, 담양향토문화연구회, 1996, 275~176면.
13 『미암일기』 5집, 담양향토문화연구회, 1996, 287면.
14 『미암일기』 5집, 담양향토문화연구회, 1996, 287면.
15 『미암일기』 5집, 담양향토문화연구회, 1996, 289면.

10장

1 백옥경, 「조선시대 출산에 대한 인식과 실제」, 『이화사학연구』 34, 이화사학연구소, 2007, 193면.
2 문숙자, 『68년의 나날들, 조선의 일상사』, 너머북스, 2009, 41면.
3 이숙인, 「삶과 앎의 문제로 본 이사주당」, 『여성과 역사』 26, 한국여성사학회, 2017, 235면.
4 최삼섭·박찬국, 『역주 태교신기』, 성보사, 1991, 64~65면.
5 최삼섭·박찬국, 『역주 태교신기』, 성보사, 1991, 102면.
6 「16세기 역사상의 재해석: 『묵재일기』 교감 및 역주 사업」, 한국학진흥사업 성과포털(한국학중앙연구원), 2014.
7 이문건 지음, 김인규 옮김, 『(역주)묵재일기』 2, 민속원, 2018, 272면.
8 김찬웅 쓰고엮음, 『선비의 육아일기를 읽다』, 글항아리, 2008, 104~106면.
9 박지원 지음, 박희병 옮김, 『고추장 작은 단지를 보내니』, 돌베개, 2005, 15면.
10 박지원 지음, 박희병 옮김, 『고추장 작은 단지를 보내니』, 돌베개, 2005, 28면.
11 박지원 지음, 박희병 옮김, 『고추장 작은 단지를 보내니』, 돌베개, 2005, 34면.
12 박지원 지음, 박희병 옮김, 『고추장 작은 단지를 보내니』, 돌베개, 2005, 93~94면.
13 백두현, 『현풍곽씨언간 주해』, 태학사, 2003, 191면.
14 백두현, 『현풍곽씨언간 주해』, 태학사, 2003, 199~203면.

11장

1 이이화, 『역사풍속기행』, 역사비평사, 1999, 45~50면.
2 안대회, 『조선의 프로페셔널』, 휴머니스트, 2007, 257~261면.
3 심노숭 지음, 김영진 옮김, 『눈물이란 무엇인가』, 태학사, 2001, 41~42면.
4 심노숭 지음, 안대회·김보성 역, 『자저실기』, 휴머니스트, 2014, 58면.
5 강혜선, 『나홀로 즐기는 삶』, 태학사, 2010, 329면.
6 박지원 지음, 박희병 옮김, 『고추장 작은 단지를 보내니』, 돌베개, 2005, 50면.
7 박종채 지음, 박희병 옮김, 『나의 아버지 박지원』, 돌베개, 1998, 102~103면.
8 정약용 지음, 박무영 옮김, 『뜬세상의 아름다움』, 태학사, 2001, 60~61면.

9 정민, 「다산 '건축학개론' 1장은 채마밭 둔 자급자족형 집 지어라」, 『한겨레』 2012년 6월 27일자, 23면.
10 고연희, 「정약용의 화훼에 대한 관심과 화훼시 고찰」, 『동방학』 7집, 한서대학교 동양고전연구소, 2001, 47면.
11 강희안 지음, 이병훈 옮김, 『양화소록』, 을유문화사, 2000, 28~29면.
12 강희안 저, 이종묵 역해, 『양화소록』, 아카넷, 2012, 423면.
13 유박 지음, 정민 외 옮김, 『화암수록』, 휴머니스트, 2019, 179~180면.
14 유박 지음, 정민 외 옮김, 『화암수록』, 휴머니스트, 2019, 91~92면.

12장

1 권지은, 「조선후기 여성문집 서발문 연구」, 성균관대 동아시아학과 석사학위논문, 2016, 10~14면.
2 정창권, 『홀로 벼슬하며 그대를 생각하노라』, 사계절, 2003, 135~138면.
3 『미암일기』 3집, 담양향토문화연구회, 1994, 104면.
4 『미암일기』 3집, 담양향토문화연구회, 1994, 115면.
5 『국역 성소부부고』 Ⅲ, 민족문화추진회, 1967, 174면.
6 『조선시대 강원여성시문집』, 강원도, 1998, 219면.
7 주지번, 「난설재집 서문」, 『조선시대 강원여성시문집』, 강원도, 1998, 215면.
8 허미자, 『이매창연구』, 성신여대 출판부, 1988, 14면.
9 이영춘, 『임윤지당』, 혜안, 1998, 205면.
10 이영춘, 『임윤지당』, 혜안, 1998, 248~249면.
11 이영춘, 『임윤지당』, 혜안, 1998, 283~284면.
12 이영춘, 『강정일당』, 가람기획, 2002, 90면.
13 이영춘, 『강정일당』, 가람기획, 2002, 150면.
14 이영춘, 『강정일당』, 가람기획, 2002, 37면.
15 이영춘, 『강정일당』, 가람기획, 2002, 73~74면.
16 정창권, 『정조처럼 소통하라』, 사우, 2018, 69~70면. 박무영은 이를 두고 윤광연의 몰락한 가문을 유지하기 위한 가문의식이 크게 작용한 것으로 보았으나, 필자는 보다 근본적으론 윤광연의 아내 정일당에 대한 사랑과 존경심이 더욱 크게 작용했던 것으로 보인다. 박무영, 「여성시문집 간행과 19세기 경화사

족의 욕망」, 『고전문학연구』 56, 한국고전문학회, 2008, 369~406면.

17 이숙인, 「삶과 앎의 문제로 본 이사주당」, 『여성과 역사』 26, 한국여성사학회, 2017, 228면; 주진오 외, 『한국여성사 깊이읽기』, 푸른역사, 2013, 198~199면.

18 안대회·이현일 편역, 『한국 산문선』 8, 민음사, 2017, 86~87면.

19 허미자, 『나의 스승 어머니』, 보고사, 2013, 78면.

20 안대회·이현일 편역, 『한국 산문선』 8, 민음사, 2017, 223면.

21 안대회·이현일 편역, 『한국 산문선』 8, 민음사, 2017, 195~196면.

22 이우성 편, 『좌소산인문집』, 아세아문화사, 1992, 23면.

23 안대회·이현일 편역, 『한국 산문선』 9, 민음사, 2017, 310면.

24 안대회·이현일 편역, 『한국 산문선』 9, 민음사, 2017, 312면.

글을 마치며

1 홍양희, 「식민지 시기 남성교육과 젠더」, 『아세아여성연구』 44, 숙명여대 아시아여성연구소, 2005, 140면.

2 홍양희, 「식민지 시기 남성교육과 젠더」, 『아세아여성연구』 44, 숙명여대 아시아여성연구소, 2005, 참조.

3 홍양희, 「일제시기 조선의 여성교육-현모양처교육을 중심으로」, 『동아시아문화연구』 35, 한양대학교 동아시아문화연구소, 2001, 참조.

4 홍양희, 「현모양처의 상징 신사임당」, 『사학연구』122, 한국사학회, 2016, 157~160면.

5 김성희, 「가사노동의 변화: 전통사회에서 산업사회로」, 『한국가정관리학회지』 17, 한국가정관리학회, 1999, 155면.

참고문헌

1차 자료

강희안 지음, 이병훈 옮김, 『양화소록』, 을유문화사, 2000.
강희안 저, 이종묵 역해, 『양화소록』, 아카넷, 2012.
김려 지음, 강혜선 옮김, 『유배객, 세상을 알다』, 태학사, 2007.
김려 씀, 오희복 옮김,『글짓기 조심하소』, 보리, 2006.
김만중 외, 전송렬 옮김, 『사친』(思親), 서해문집, 2007.
김유 지음, 김채식 옮김, 『수운잡방』, 글항아리, 2015.
김지홍 외, 『국역 노상추일기』 1~4, 국사편찬위원회, 2017.
『미암일기』 1~5집, 담양향토문화연구회, 1992~1996.
민족문화추진회 편, 『국역 산림경제』 1~2, 한국학술정보, 2007.
박종채 지음, 박희병 옮김, 『나의 아버지 박지원』, 돌베개, 1998.
박지원 지음, 박희병 옮김, 『고추장 작은 단지를 보내니』, 돌베개, 2005.
백두현 저, 『현풍곽씨언간 주해』, 태학사, 2003.
백두현 저, 『조선시대 선비의 삶』, 역락, 2011.
서유구 지음, 이효지 외 편역, 『임원십육지 정조지』, 교문사, 2007.
서유구 지음, 정명헌·김정기 역주, 『임원경제지: 본리지』, 소와당, 2008.
신해진 저, 『조선후기 세태소설선』, 월인, 1999.
심노숭 지음, 안대회·김보성 역, 『자저실기』, 휴머니스트, 2014.
「16세기 역사상의 재해석: 『묵재일기』 교감 및 역주 사업」, 한국학진흥사업 성과포털 (한국학중앙연구원), 2014.
오희문 저, 이민수 역, 『쇄미록』 상·하, 해주오씨추천공파종중, 1990.
유만주 지음, 김하라 편역, 『일기를 쓰다』 1~2, 돌베개, 2015.
유박 지음, 정민 외 옮김, 『화암수록』, 휴머니스트, 2019.
유중림 저, 『증보 산림경제』 Ⅰ~Ⅱ, 농촌진흥청, 2003.
윤국일 옮김, 『신편 경국대전』, 신서원, 1998.
이문건 지음, 김인규 옮김, 『(역주) 묵재일기』 1~4, 민속원, 2018.
이문건 저, 이상주 역주, 『양아록』, 태학사, 1997.

이민수 역주, 『이조한문소설선』, 서문문고, 1975.
이시필 지음, 백승호·부유섭·장유승 옮김, 『소문사설-조선의 실용지식 연구노트』, 휴머니스트, 2011.
이영춘 저, 『임윤지당』, 혜안, 1998.
이영춘 저, 『강정일당』, 가람기획, 2002.
이옥 지음, 실시학사 고전문학연구회 옮기고 엮음, 『완역 이옥전집』 1~3, 휴머니스트, 2009.
이우성 편, 『좌소산인문집』, 아세아문화사, 1992.
이익 저, 『성호사설』 I, 민족문화추진회, 1977.
이익 저, 양기정 옮김, 『성호전집』 1~17, 한국고전번역원, 2016.
이장우 엮음, 『퇴계일기』, 중문출판사, 2000.
이황 지음, 이장우·전일주 옮김, 『퇴계 이황, 아들에게 편지를 쓰다』, 연암서가, 2008.
이황 지음, 정석태 옮김, 『안도에게 보낸다』, 들녘, 2005.
전순의 저, 『식료찬요』, 농촌진흥청, 2004.
정도전 저, 『삼봉집』 1~2, 민족문화추진회, 1977.
정약용 지음, 박무영 옮김, 『뜬세상의 아름다움』, 태학사, 2001.
정약용 지음, 박석무 편역, 『유배지에서 보낸 편지』, 창작과 비평사, 1991.
정창권 지음, 『천리 밖에서 나는 죽고 그대는 살아서』, 돌베개, 2020.
『조선시대 강원여성시문집』, 강원도, 1998.
『조선시대 기록화의 세계』, 고려대학교 박물관, 2001.
『조선시대 풍속화』, 국립중앙박물관, 2002.
『조선왕조실록』
『조선왕조 행사기록화』, 국립문화재연구소, 2011.
최삼섭·박찬국 역, 『역주 태교신기』, 성보사, 1991.
허균 저, 『성소부부고』, 민족문화추진회, 1967.

연구서

강혜선, 『나홀로 즐기는 삶』, 태학사, 2010.
곽미경, 『조선 셰프 서유구』, 씨앗을뿌리는사람, 2016.
규장각한국학연구원 엮음, 『조선 여성의 일생』, 글항아리, 2010.

김대중 편역, 『나는 모든 것을 알고 싶다』, 돌베개, 2010.
김상보, 『조선시대의 음식문화』, 가람기획, 2006.
김상보, 『조선왕실의 풍정연향』, 민속원, 2016
김성희, 『한국여성의 가사노동과 경제활동의 역사』, 학지사, 2002.
문숙자, 『68년의 나날들, 조선의 일상사』, 너머북스, 2009.
박무영 외 지음, 『조선의 여성들, 부자유한 시대에 너무나 비범했던』, 돌베개, 2004.
박유상, 『풍석 서유구, 조선의 브리태니커를 펴내다』, 2017.
백승종, 『선비와 함께 춤을』, 사우, 2018.
백승종, 『조선의 아버지들』, 사우, 2016.
송석효·이성재 편, 『계녀서』, 동환출판사, 1986.
심노숭 지음, 김영진 옮김, 『눈물이란 무엇인가』, 태학사, 2001.
안대회, 『조선의 프로페셔널』, 휴머니스트, 2007.
안대회·이현일 편역, 『한국 산문선』 8, 민음사, 2017.
안대회·이현일 편역, 『한국 산문선』 9, 민음사, 2017.
윤진영, 『조선시대의 삶, 풍속화로 만나다』, 다섯수레, 2015.
이건창 외 지음, 박석무 편역, 『나의 어머니, 조선의 어머니』, 현대실학사, 1998.
이민주, 『조선 사대부가의 살림살이』, 한국학중앙연구원 출판부, 2016.
이수건, 『영남학파의 형성과 전개』, 일조각, 1995.
이순구, 『조선의 가족 천개의 표정』, 너머북스, 2011.
이이화, 『역사풍속기행』, 역사비평사, 1999.
임해리, 『누가 나를 여인이라 부르는가』, 가람기획, 2007.
정량완 외, 『조선후기한문학작가론』, 집문당, 1994.
정민, 『18세기 조선 지식인의 발견』, 휴머니스트, 2007.
정창권, 『정조처럼 소통하라』, 사우, 2018.
정창권, 『조선의 부부에게 사랑법을 묻다』, 푸른역사, 2015.
정창권, 『한국 고전여성소설의 재발견』, 지식산업사, 2002.
정창권, 『홀로 벼슬하며 그대를 생각하노라』, 사계절, 2003.
주진오 외, 『한국여성사 깊이읽기』, 푸른역사, 2013.
진병춘, 『풍석 서유구』, 씨앗을뿌리는사람, 2014
KBS역사추적팀, 윤영수 지음, 『한국사를 바꿀 14가지 거짓과 진실』, 지식파수꾼, 2011.
하영휘, 『양반의 사생활』, 푸른역사, 2008.

한국여성연구소, 『우리 여성의 역사』, 청년사, 1999.
한국정신문화연구원, 『한국인물대사전』, 중앙일보, 중앙M&B, 1999.
한복려 외, 『음식고전』, 현암사, 2016.
한정주, 『조선의 거상, 경영을 말하다』, 비즈페이퍼, 2007.
허미자, 『나의 스승 어머니』, 보고사, 2013.
허미자, 『이매창연구』, 성신여대 출판부, 1988.

논문

고연희, 「정약용의 화훼에 대한 관심과 화훼시 고찰」, 『동방학』 7집, 한서대학교 동양고전연구소, 2001.
권오영, 「조선조 사대부 제례의 원류와 실상」, 『민족문화논총』 46집, 영남대학교 민족문화연구소, 2010.
권지은, 「조선후기 여성문집 서발문 연구」, 성균관대 동아시아학과 석사학위논문, 2016.
김건태, 「이황의 가산경영과 치산이재」, 『퇴계학보』 130집, 퇴계학연구원, 2011.
김경미, 「조선후기 여성의 노동과 경제생활」, 『한국여성학』 28권 4호, 한국여성학회, 2012.
김경숙, 「16세기 사대부 집안의 제사설행과 그 성격」, 『진단학보』 98, 진단학회, 2000.
김기현, 「규합총서의 민속 관련 구비전승의 연구」, 전남대 대학원 국어국문학과 박사학위논문, 2016.
김성희, 「가사노동의 변화: 전통사회에서 산업사회로」, 『한국가정관리학회지』 17, 한국가정관리학회, 1999.
김성희, 「쇄미록에 나타난 16세기 가장의 역할」,『한국가정관리학회지』 18권 4호, 한국가정관리학회, 2000.
김성희, 「여성의 직조노동과 지위의 변화」, 『한국가정관리학회지』 19권 5호, 한국가정관리학회, 2001.
김성희·이기영, 「조선시대 가사노동의 성별분업」,『한국가족자원경영학회지』 11권 3호, 한국가족자원경영학회, 2007.
김소은, 「16세기 양반사족의 생활상 연구」, 숭실대 대학원 사학과 박사학위논문,

2001.
김영혜, 「규합총서의 편찬과 필사양상에 관한 고찰」, 성균관대 대학원 문헌정보학과 석사학위논문, 2015.
김의진, 「두실 심상규의 생애와 시 연구」, 계명대 대학원 석사학위논문, 2012.
남미혜, 「조선후기 사대부가 여성의 치산과 경제활동」, 『동양고전연구』 64집, 동양고전학회, 2016.
박무영, 「여성시문집 간행과 19세기 경화사족의 욕망」, 『고전문학연구』 56, 한국고전문학회, 2008.
백옥경, 「조선시대 출산에 대한 인식과 실제」, 『이화사학연구』 34, 이화사학연구소, 2007.
손계영, 「19세기 관아의 주방과 수령의 음식」, 『영남학』 17, 경북대 영남문화연구원, 2010.
안대회, 「18·19세기 주거문화와 상상의 정원」, 『진단학보』 97, 진단학회, 2004.
이기영·김성희·이현아, 「조선시대 양반가의 남녀간 가사노동 분담」, 『한국가족자원경영학회지』 11권 4호, 한국가족자원경영학회, 2007.
이성임, 「16세기 조선 양반관료의 사환과 그에 따른 수입」, 『역사학보』 145, 역사학회, 1995
이숙인, 「삶과 앎의 문제로 본 이사주당」, 『여성과 역사』 26, 한국여성사학회, 2017.
차경희, 「임원경제지 속의 조선후기 음식」, 『진단학보』 108, 진단학회, 2009.
한민섭, 「서명응 일가의 박학과 총서, 유서 편찬에 관한 연구」, 고려대 대학원 박사학위논문, 2010.
한효정, 「17세기 전후 양반가 부인의 경제활동 연구」, 성신여대 대학원 박사학위논문, 2007.
홍양희, 「식민지 시기 남성교육과 젠더」, 『아세아여성연구』, 44, 숙명여대 아시아여성연구소, 2005.
홍양희, 「일제시기 조선의 여성교육-현모양처교육을 중심으로」, 『동아시아문화연구』 35, 한양대학교 동아시아문화연구소, 2001.
홍양희, 「현모양처의 상징 신사임당」, 『사학연구』 122, 한국사학회, 2016.
황위주, 「사부일과를 통해 본 선비의 하루 일상」, 『퇴계학논집』 15호, 영남퇴계학연구원, 2014.

찾아보기